결국, 해내고야 마는
임용고시 공부법

결국, 해내고야 마는
임용고시 공부법
교사를 꿈꾸는 당신에게

초 판 1쇄 2025년 07월 07일

지은이 정태진
펴낸이 류종렬

펴낸곳 미다스북스
본부장 임종익
편집장 이다경, 김가영
디자인 임인영, 윤가희
책임진행 이예나, 김요섭, 안채원, 김은진, 이예준

등록 2001년 3월 21일 제2001-000040호
주소 서울시 마포구 양화로 133 서교타워 711호
전화 02) 322-7802~3
팩스 02) 6007-1845
블로그 http://blog.naver.com/midasbooks
전자주소 midasbooks@hanmail.net
페이스북 https://www.facebook.com/midasbooks425
인스타그램 https://www.instagram.com/midasbooks

© 정태진, 미다스북스 2025, *Printed in Korea*.

ISBN 979-11-7355-304-2 03370

값 19,500원

※ 파본은 구입하신 서점에서 교환해드립니다.
※ 이 책에 실린 모든 콘텐츠는 미다스북스가 저작권자와의 계약에 따라 발행한 것이므로 인용하시거나 참고하실 경우 반드시 본사의 허락을 받으셔야 합니다.

미다스북스는 다음세대에게 필요한 지혜와 교양을 생각합니다.

결국, 해내고야 마는
임용고시 공부법

교사를 꿈꾸는 당신에게

현직교사가 전하는
임용고시
합격의 A to Z

누적방문자 330만
네이버 블로그
'교단으로 가는 길'
지니쌤의 필승 공부법

후배 교사를 위한
따뜻한 위로와 조언

정태진 지음

미다스북스

프롤로그 결국, 해내고야 마는 8

1장 흔들리지 않는, 마음가짐

01 정말 선생님이 되고 싶으신가요? 15
02 첫 시험을 준비하는 선생님들께 19
03 '열심히'라는 덫 21
04 혹시 지금 슬럼프인가요? 23
05 공부 방법에 현혹되지 말자 29
06 공부에도 여유가 필요합니다 31
07 할 수 있다는 마음가짐 34
08 결국, 운인 것 같다고요? 36
09 '꾸준함의 힘' 공부는 관성이다 39
10 내가 모른다는 것을 안다는 것 42

에피소드 I "나의 소울푸드는 가쓰오 우동과 치즈 불닭 김밥" 44

2장 | 임용고시, 1년 톺아보기

11	임용고시에 대해 알아보자	49
12	임용고시 1년: 시험 일정 톺아보기	51
13	어떤 지역을 선택해야 할까요?	58
14	사립학교 지원 궁금하시죠?	61
15	시험 준비물, 무엇이 필요할까?	68
16	시험 당일은 이렇게!	73
17	합격자 발표 이후 해야 하는 일	76
에피소드 Ⅱ	"카공에 빠져 버렸다…☆"	80

3장 | 무너지지 않는, 공부 계획

18	공부의 시작은 '정보 수집'	85
19	1년 공부 계획 세우기	88
20	첫 시험은 계획부터 달라야 한다	92
21	교생 시기는 어떻게 보내야 할까?	95
22	시기별 공부 전략: 1월부터 시험까지	99
23	학부생 때는 어떻게 준비해야 할까?	106
24	하루에 몇 시간 공부해야 할까?	110
25	다시 일어서기 위한 불합격 수기	115
에피소드 Ⅲ	"넌 수학 선생님은 안 돼!"	120

4장 | 깊이를 더하는, 공부 기술

- 26 기출문제 분석: 기출, 선택이 아닌 필수 … 125
- 27 공부 방법: 전공부터 교육학까지 … 135
- 28 답안 작성법: 어떤 답안이 좋은 답안일까? … 143
- 29 모의고사 활용법: 풀기만 해서는 안 됩니다 … 154
- 30 스터디 활용법: 요즘, 이런 스터디 … 157
- 31 효과적인 공부를 위한 단권화 노트 … 168
- 32 공부 방법에도 기술이 필요합니다 … 171
- 33 교육과정, 무엇을, 어떻게, 왜? … 185
- 34 공부 효율을 올려주는 '꿀' 앱 … 187
- 에피소드 Ⅳ   "쫓기는 꿈" … 192

5장 | 놓쳐서는 안 될, 2차 시험

- 35 2차 시험, 무엇을 평가할까? … 197
- 36 2차 시험 준비 꼭 해야 할까? … 200
- 37 수업 실연 A to Z … 204
- 38 지도서: 무엇을 공부해야 하는 걸까? … 216
- 39 지도안 작성은 어떻게 해야 할까? … 220
- 40 심층 면접 핵심 정리 … 224
- 에피소드 Ⅴ   "왜 내 꿈은 선생님이었을까?" … 234

6장 | Q&A, 사소하지만, 궁금한 것들

- 41 답안을 잘못 작성한 경우는 어떻게 해야 하나요? · 239
- 42 답안지에 줄을 그어도 되나요? · 240
- 43 시험 범위는 어떻게 되나요? · 241
- 44 실수를 너무 많이 해요 · 243
- 45 모의고사 점수가 너무 안 나옵니다 · 245
- 46 자꾸 잊어버리는데 어떻게 해야 하나요? · 247
- 47 공부를 오래 쉬었습니다 · 249
- 48 일을 병행해야 하는데 어떻게 해야 할까요? · 252
- 49 하루에 몇 과목을 공부하는 게 좋을까요? · 253
- 50 문제를 많이 풀면 될까요? · 255
- 51 새로운 형태의 문제가 너무 어려워요 · 256
- 52 2차 준비를 병행해야 할까요? · 257
- 53 한 문제를 얼마나 고민해야 할까요? · 258
- 54 공부가 안될 때는 무엇을 하면 좋을까요? · 260
- 에피소드 Ⅵ "시험장 나오는 길" · 264

부록   자료 모음 · 268
에필로그   교단에 서는 그날까지 · 271

| 프롤로그 |

결국, 해내고야 마는

선생님, 안녕하세요.

블로그 '교단으로 가는 길'에서 지니쌤으로 활동하고 있으며, 전남에서 수학을 가르치고 있는 교사 정태진입니다. 책을 통해 이렇게 선생님들과 마주할 수 있다니 너무나 반갑습니다. 하지만 아직 저를 모르시는 분들이 많겠지요. 그래서 제 이야기를 조금 들려드리려고 합니다.

저는 두 번의 도전 끝에 임용고시에 합격했습니다. 처음에는 학생들이 '선생님'이라고 부르는 것마저 어색했는데, 어느새 교직 10년 차가 되어 가네요. 여전히 서툴고 힘들 때도 많지만, 아이들과 하루하루 부딪히며 교실에서 웃고 배우는 삶이 감사할 따름입니다.

책을 쓰게 되니 마치 특별한 사람처럼 보일지 모르겠지만, 저는 지극히 평범한 사람이었습니다. 고등학교 성적은 뛰어난 편도 아니었고, 정말 운 좋게 간신히 수학교육과에 입학했습니다. 하지만 그때 느꼈던 벅찬 감정은 그리 오래가지 못했습니다. 대학에 와보니, '천재'라 불리는 친구들이 즐비해 있었습니다. 아무리 열심히 노력해도 닿기 힘든 깊이를 그 친구들은 당연하다는 듯이 도달해 있었습니다. 학교에 다니며 항상 열등감과 강박관념에 시달렸으며, '과연 나도 교사가 될 수 있을까?' 하는 두려움이 늘 함께했습니다. 제가 할 수 있었던 것은 그저 열심히 노력하는 것뿐이었어요. 그래도 열심히는 했으니 첫 시험에서 합격은 아니더라도 노력한 만큼의 결과는 나올 거라 생각했습니다.

하지만, 첫 시험을 마치고 나오는 길에 처음으로 교사가 되는 것을 포기하려고 했습니다. 열심히 노력하는 것만이 전부가 아니라는 것을 깨달았거든요. 결과는 당연히 불합격이었고, 전공 과락이라는 처참한 결과를 마주할 수밖에 없었습니다. 지금까지 저의 모든 것을 부정당했다는 생각에, 오랜 시간 공부를 손에 잡을 수 없었습니다. 긴 수험 생활을 견딜 자신이 없었고, 그보다 합격할 수 있다는 확신은 더더욱 없었습니다. 고민 끝에 '이번에 안 되면 그만두자.'라는 마지노선을 정하고 나서야 겨우 두 번째 시험을 준비할 수 있었습니다. 만약 제가 정말 두 번째 시험에서 불합격했다면 어떤 선택을 했을지 장담하지 못하겠습니다. 하지만 정말 최선을 다했고, 후회하지 않을 1년을 보냈습니다. 그리고 2017년 2월, 마침내 합격 통지를 받았습니다.

공부하는 매 순간이 저에게 너무나 힘든 시간이었습니다. 마치 눈앞에 아무것도 보이지 않는 어두운 터널을 하염없이 걸어가는 느낌이었어요. 터널 밖에 밝은 햇빛이 비친다는 건 알았지만, 누군가 제 손을 잡고 터널을 함께 걸어준다면 넘어지는 일이 줄어들지 않을까 간절히 바랐던 시간이기도 했습니다. 누구보다 이 힘듦을 잘 알기에 만약 합격한다면 저처럼 힘들어하는 선생님들에게 도움을 주는 사람이 되자고 다짐했습니다. 그래서 시작하게 된 것이 블로그였습니다. 제가 공부했던 것, 경험했던 것을 하나둘 써나가기 시작했습니다. 부족함이 많은 글이었지만 힘이 되었다는 선생님들의 따뜻한 말 한마디에 지금까지 블로그를 운영하고 있고요. 그리고 이렇게 책까지 출간할 수 있게 되었습니다. 제 글을 찾아주신 많은 분들 덕분이라고 생각합니다. 항상 감사합니다.

사실 이 책은 2019년 『교사를 꿈꾸는 당신에게』라는 이름으로 처음 출간되었습니다. 내용을 다듬고, 보강해 2025년 미다스북스 출판사와 함께 새 옷을 입고 다시 한번 세상에 나오게 되었습니다. 한 권의 책을 이렇게 오랫동안 신경을 쓰는 경우는 흔치 않을 겁니다. 하지만, 그만큼 이 책에 대한 애정과 책을 썼을 때의 마음을 저는 아직 내려놓을 수 없더라고요. 선생님들에게 이 책이 작은 위로이자 힘이 되었으면 좋겠습니다.

책에는 제가 직접 공부하고 고민했던 내용뿐만이 아니라 10년 가까운 시간 동안 선생님들과 상담하면서 느꼈던 내용을 모두 담아 두었습니다. 임용고시를 준비하기 위한 실질적인 공부 방법으로 시작해 마음가짐, 공부 계획, 2차 준비, 현실적인 조언까지 선생님들에게 피부에 닿는 도움이 될 수 있을 거라 믿습니다.

책은 한 번에 처음부터 끝까지 읽기보다는, 모르는 단어가 생기면 사전을 찾아보듯 틈틈이 꺼내 볼 수 있는 그런 책이 되었으면 좋겠습니다.

임용고시라는 긴 터널에서,
이 책을 통해 결국 해내고야 마는
선생님들의 모습을 간절히 바라고 응원하겠습니다.

정태진 올림

1장

흔들리지 않는,
마음가짐

01

정말 선생님이 되고 싶으신가요?

우리는 아마도 교사가 되기 위해 사범대에 입학했습니다. 복수전공을 선택하고 교직 이수를 결심하고, 교육대학원에 진학한 것도 같은 이유였을 것이고요. 그리고 학교를 졸업하면, 당연하다는 듯 시험을 준비하게 됩니다. 선배들도, 또 그 위에 선배들도 비슷한 길을 겪어 왔기에 우리는 자연스럽게 흐름을 따라가게 되죠. 그런데 꼭 묻고 싶은 게 있습니다.

"정말 선생님이 되고 싶으신가요?"

우리는 이 질문을 던지는 것으로 임용고시를 준비해야 합니다. 깊은 고민 없이 시작하기에는 임용고시도, 학교 생활도 어느 것 하나 쉬운 일이 없습니다.

임용고시에 대해 먼저 이야기해 볼까요? 현재 임용고시의 경쟁률은 높은 수준을 유지하고 있습니다. 과목별 편차는 있지만, 교원자격증을 가지고 졸업하는 숫자보다 뽑는 인원이 적으니, 어쩌면 당연한 결과입니다. 더구나 학령 인구의 숫자는 급격히 줄고 있어 교원 수급이 어떻게 될지 장담할 수 없는 현실입니다. 그렇다고 시험이 쉬운 것도 아닙니다. 수학 과목을 예로 들어볼까요? 대부분의 수학교육과 학생들은 고등학교 때 수학을 좋아했거나, 잘했거나, 둘 다인 학생들입니다. 임용고시는 이런 '수학 좀 한다는' 이들이 모여 치는 시험입니다. 학창 시절에 공부한 수학과 대학교 전공으로 배운 수학에 차이가 있더라도, 그 치열한 경쟁을 뚫고 합격한다는 것은 절대 만만하지 않습니다.

이러다 보니 어느새 주변을 둘러보면 장수생의 길을 걷고 있는 사람들의 모습을 쉽게 마주하게 됩니다. 요즘은 합격까지 걸리는 시간을 최소 3년으로 잡는다는 이야기가 이제는 꽤 설득력 있게 들릴 정도이죠. 더 씁쓸한 것은 3년 안에 합격한다는 보장도 없다는 것입니다. 이것이 우리가 준비하고 있는 임용고시의 현실입니다.

그래도 교사만 되면, 합격만 하면 모든 것이 괜찮을 거라 생각하시나요? 물론 사회적으로 존중받는 직업은 맞습니다. 하지만 현실 속 교사의 모습이 진짜로 그런지는 의문이 듭니다. 교사에게 부여되는 책무는 나날이 늘어만 가며, 교사에게 들이미는 도덕적 잣대는 높아져만 갑니다. 뉴스에서는 교사에 대한 암담한 이야기가 하루가 멀다 하고 나오고 있으며, 교실에서는 우리의 상식이 통하지 않는 전혀 다른 현실을 마주합니다.

우리는 마음을 확실히 할 필요가 있습니다. 아니, 확실히 해야 합니다. 너무나 많은 선생님이 이런 고민 없이 임용고시라는 시험에 덜컥 발을 들이밉니다. 임용고시는 어중간한 마음으로 부딪히기에는 너무나 많은 것을 덜컥 쏟아부어야 하는 시험입니다. 교사라는 길도 마찬가지고요. 사범대에 들어갔다고 해서 꼭 선생님이 될 필요는 없습니다. 교사라는 직업에, 임용고시라는 시험에 확신이 서지 않는다면 고민해야 합니다. 이 길이 아니라는 확신이 섰다면 하루라도 빨리 다른 길을 준비하기 바랍니다. 사범대생의 스펙이라고는 2급 정교사 자격증과 한국사 자격증이 전부이며, 이것을 가지고 할 수 있는 것은 그리 많지 않습니다. 미리 미래에 대해서 준비하지 않으면, 선택할 수 있는 길은 거의 사라져 버리고 맙니다.

　교사가 아닌 다른 길을 선택하는 것은 전혀 이상한 일이 아닙니다. 시험을 본격적으로 준비하기 전 정말 내가 원하는 것이 무엇인지, 어떤 삶을 선택할 것인지에 대해 진지하게 고민해 보기 바랍니다. 마음을 정한 뒤 정말 내 길이 아니라는 생각이 든다면 포기할 수 있어야 합니다. 때로는 포기하는 용기도 필요하니까요. 그럼에도 교사가 되겠다는 결정을 내렸다면 뒤돌아보지 않고 앞만 보고 달려가길 바랍니다.

　쉬운 길은 절대 아닙니다. 하지만, 그렇다고 불가능한 시험도 아니니까요. 저도 합격했잖아요? 어떤 선택이든 정답도, 잘못된 선택도 없습니다. 그저 존중받아 마땅한 선택들일 뿐입니다.

어떤 선택이 되었더라도 스스로에게 후회 없는 선택이 되었으면 좋겠습니다.

선생님들의 가시는 길이 어떻더라도 묵묵히 응원하겠습니다.

세종께서 말씀하시길 그대의 자질은 아름답다.
그런 자질을 가지고 아무것도 하지 않겠다 해도 내 뭐라 할 수 없지만,
그대가 만약 온 마음과 힘을 다해 노력한다면
무슨 일인들 해내지 못하겠는가. 그러니 부디 포기하지 말길.

02

첫 시험을 준비하는 선생님들께

처음이라는 단어는 그 자체로 어떤 설렘을 줍니다. 첫사랑, 첫 만남, 첫 눈처럼 말이죠. 그런데 첫 시험은 어떤가요? 저에게 첫 시험은 결코 좋은 기억이 아니었습니다. 시험 당일 얼마나 긴장했는지 두근대는 심장 소리를 주체할 수 없었습니다. 문제는 눈에 들어오지 않고, 머리는 멍하기만 했습니다. 답안지는 엉망진창 글씨를 알아보기 힘들 정도였으니 오죽했을까요. 최선을 다해 준비한 시험이었음에도 돌아온 결과는 전공과락과 불합격이라는 두 단어뿐이었습니다.

이러한 경험 덕분인지 첫 시험을 준비하는 선생님들께서 "올해는 그냥 한번 봐 보려고요."라는 말을 들어도 질책하거나 비난할 수는 없었습니다. 암울한 임용시험의 현실 속에서 '넌 할 수 있어.', '무조건 열심히 해!', '하면 돼.'라는 이야기가 오히려 더 잔인하게 느껴졌습니다.

그래도 돌이켜보면 첫 시험을 준비했던 간절한 마음과 노력이 결국 두 번의 시험 끝에 합격할 수 있었던 원동력이었던 것 같습니다. 첫 시험을 어떤 마음가짐을 가지고 임하는지는 정말 중요합니다. 1년을 성실히 보낸 것과 그렇지 않은 것에는 큰 차이가 존재하니까요. 시험을 준비하는 기간이 힘들다 못해 고통스러울 수 있습니다. 하지만 저는 믿습니다. 선생님들의 간절한 마음과 묵묵한 노력이 결국 합격이라는 목표에 한 걸음 더 가까이 다가가게 할 거라고요. 비록 첫 시험일지라도, 포기하지 않고 최선을 다했으면 좋겠습니다.

오랫동안 꿈을 그리는 사람은 마침내 그 꿈을 닮아간다.
_ 프리드리히 니체

03

'열심히'라는 덫

　시험 합격을 위해서 꼭 필요한 것은 무엇일까요? 사람들은 '열심히 노력하는 것'을 꼽습니다. 합격을 위해 열심히 한다는 것은 너무나 당연한 이야기처럼 들립니다. 그런데 애석하게도 제가 바라본 임용고시라는 시험은 열심히만 한다고 해서 되는 시험은 아니었습니다. 뽑는 인원수가 적은 것이 큰 역할을 했겠지만, 열심히 노력하는 것과 점수는 의외로 상관관계가 그리 크지 않았습니다. 주변에서 정말 열심히 공부하지만, 점수가 잘 나오지 않거나 오랫동안 합격하지 못한 사람들을 보면 쉽게 알 수 있습니다. 그리고 그중 한 사람이 과거의 저였습니다.

　우리는 그저 열심히만 하면 좋은 결과가 나올 거라 쉽게 생각합니다. '어떻게 하면 효율적으로 공부할지', '어떻게 하면 조금이라도 점수를 올릴 수 있을지'와 같은 고민은 잔꾀를 부리는 것이라 치부하죠. 저는 그래서 첫 시험을 준비할 때 그저 열심히만 했습니다. '열심히' 하는 것이 시험을 위한 전부라고 생각했으니까요. 하지만 첫 시험은 아시다시피 전공과락이었습니다.

임용고시는 점수에 따라서 합격과 불합격 여부가 결정되는 시험입니다. 시험 합격을 위해 열심히 하는 것은 필요조건이지, 충분조건이 될 수는 없습니다. 어떻게 하면 더 높은 점수를 받을 수 있을지 고민해야 합니다. 생각보다 사람들은 이 단순한 생각을 놓친 경우가 많습니다.

"별짓을 다 해야 하는군요."

상담 도중, 한 선생님이 제게 하신 말씀이었습니다. 두 번째 시험을 준비하며 끊임없이 부족한 것을 고민하고, 해결하려고 노력했습니다. '어떻게 하면 점수를 높일 수 있을까?', '나에게 맞는 방법은 뭘까?' 현실적인 고민에 집중했고, 때론 정말 '별의별 짓'을 다했습니다. 하지만 돌아보면, 그 '별짓'들 덕분에 이 자리에 설 수 있었던 것은 아닐까요? 고민 없이 그저 열심히만 했다면, 저는 아마 지금 교단에 서 있지 못했을 겁니다.

시험에 관한 생각을 조금만 바꿔봅시다.
어쩌면 이 단순한 생각의 전환이 우리를 목적지로 빠르게 데려다줄지도 모릅니다.

> 개선이란 무언가가 좋지 않다고 느낄 수 있는 사람들에 의해서만 만들어질 수 있다.
> _ 프리드리히 니체

04

혹시 지금 슬럼프인가요?

　공부하면서 가장 힘든 점은 무엇일까요? 저는 '집중이 안 되는 것'이 가장 큰 어려움이었습니다. 공부는 하고 싶지 않아도 결국 해야 하는 일인데, 정작 집중이 되지 않 되니 답답함만 쌓였습니다. 선생님들도 비슷한 슬럼프를 겪고 있을 거라 생각합니다. 저마다 나름의 해결책이 있겠지만, 여전히 선생님들이 슬럼프를 고민하는 이유는 이것에 대한 완벽한 해결 방법이 없기 때문입니다. 그렇다면 어떻게 하면 슬럼프를 빠져나올 수 있을까요?

우리가 슬럼프에 빠지는 이유

　우리는 왜 슬럼프에 빠질까요? 공부를 하다 보면 스스로에 대한 의구심과 함께 아무것도 하기 싫어지는 순간들이 찾아오고는 합니다. 우리는 이런 상태를 '슬럼프'라고 합니다. 시험 준비를 위해 하루하루가 아쉬운 입장에서 이런 슬럼프는 우리를 더욱 힘들게 합니다.

의사가 환자를 치료할 때도 상태를 진단하듯, 우리도 해결책을 찾기에 앞서 왜 슬럼프에 빠지는지 그 이유부터 분석해 볼 필요가 있습니다.

특별한 계기가 있는 것이 아니라면, 대부분 슬럼프는 뚜렷한 이유 없이 찾아옵니다. 정확히는 이유가 표면적으로 잘 드러나지 않습니다. 저 역시 그랬습니다. 공부는 하기 싫은데 이유는 모르겠고 그저 슬럼프라는 말 외에는 설명할 수 없던 시기가 있었습니다. 하지만 가만히 있을 수만은 없기에, 제 슬럼프의 원인을 깊이 고민해 보았습니다. 개인적인 환경으로부터 기인하는 이유를 제외하니 슬럼프에 빠지게 되는 이유를 '합격에 대한 불안감', '반복되는 일상에 대한 회의감', '자기기만' 세 가지로 정리할 수 있었습니다.

○ **합격에 대한 불안감(혹은 막연함)**

임용고시는 내가 얼마만큼 공부해야 합격을 한다는 절대적인 기준이 없습니다. 상대평가이니까요. 피드백도 제한적이라 내가 무엇을 틀렸는지, 뭐가 부족한지도 확인하기 어렵습니다. 시간이 지날수록 무언가 잡히는 듯하면서도, 여전히 모르는 문제는 계속 나오고, 외운 내용은 머릿속에 남지 않으며, 같은 문제를 반복해서 틀리기도 합니다. 시험이 다가올수록 '합격에 대한 불안감'은 커질 수밖에 없습니다.

○ **반복되는 일상에 대한 회의감**

시험을 준비할 때는 매일이 단조롭습니다. 먹고, 공부하고, 다시 먹고, 또 공부하고…. 하루에 일어나는 특별한 일이라곤 밥을 사 먹거나 커피를 사러 가는 일 정도입니다. 매일 먹는 것도, 입는 것도, 공부하는 것도 비슷하고 심지어 '오늘은 무슨 공부를 해야 하는지', '어떤 계획을 세워야 하는지', '뭐가 부족한지'와 같이 생각하는 고민도 비슷합니다. 어느 순간 반복되는 일상에서 깊은 회의감이 밀려옵니다.

○ **자기기만**

앞에서 이야기한 두 가지는 그나마 나은 이유에 속합니다. 스스로 인지할 수 있으니까요. 하지만 지금 이야기할 '자기기만'은 스스로 인지하기도 어렵고, 가장 위험한 슬럼프입니다. 자기기만이란 진실하지 않은 것을 진실로 여기도록 자기 자신을 합리화하는 것입니다. 쉽게 말해 자신을 속이는 것이죠. 예를 들어, 슬럼프 때문에 며칠씩 공부를 쉬는 분들이 있습니다. 마음은 충분히 이해합니다. 슬럼프에서 빠져나오기가 쉽지 않으니까요. 그런데 슬럼프를 이유로 여행을 다니고, 친구들과 어울리는 모습을 자주 보게 됩니다. 한두 번이야 그럴 수 있겠지만, 이러한 반복은 사실 슬럼프라기보다는 자기기만에 빠져있을 확률이 높습니다. 심지어 이런 경우 슬럼프가 자주 발생하고, 슬럼프에서 벗어나기 위한 행동 또한 반복됩니다. 정말 슬럼프였을까요? 사실은 슬럼프가 아니라 공부하기 싫다는 감정을 포장해, 공부를 할 수 없는 상황으로 스스로를 밀어 넣었던 것은 아닐까요?

슬럼프 극복 방법

슬럼프에서 빠져나오는 일은 생각보다 쉽지 않습니다. 간단히 해결되는 경우도 있지만, 대부분은 이유를 알고 있어도 해소하기 어려운 경우가 많습니다. 그렇기에 더욱, 우리가 할 수 있는 것들을 고민해야 합니다. 완벽하게 해소할 수는 없더라도, 최소한 어제보다 나아진 자신을 만날 수는 있습니다.

○ **합격에 대한 불안감(혹은 막연함)**

시험에 대한 불안감은 아쉽게도 완전히 해소할 수 없습니다. 합격하기 전까지는 떨쳐낼 수 없는 그림자 같은 것이기 때문입니다. 그렇다면 어떻게 해야 할까요? 누군가는 '피할 수 없으면, 즐겨라'라고 이야기할지도 모르겠지만, 수험생활이란 것이 그리 쉽게 즐길 수 있는 것은 아니잖아요? 제가 드리고 싶은 답은 '받아들이기'입니다. 지금 당장 해결이 불가능한 것이라면, 억지로 벗어나려 하기보다는 나의 있는 모습 그대로를 받아들이는 것입니다. 받아들이는 과정 자체만으로도 내 생각과 감정을 객관화하고, 스스로를 돌아보는 데 큰 힘이 됩니다. 시험과 합격이라는 막연한 불안감에 든든한 버팀목이 되기를 바랍니다.

> **TIP** 몸 상태가 안 좋으면 불안한 생각이 떠오르는 경우가 많습니다. 적절한 휴식과 수면, 운동을 병행하면 정신적 피로를 줄이는 데 효과적입니다.

○ **반복되는 일상에 대한 회의감**

　반복되는 일상 속에서 우리가 할 수 있는 방법은 무엇이 있을까요? 일상에 작은 변화를 주는 것이 답이 될 수 있습니다. 예를 들어, 공부 장소를 바꿔보는 것만으로도 일상에 신선한 자극을 줄 수 있습니다. 독서실, 카페, 집처럼 공부하는 장소를 바꾸는 것이죠. 작은 변화는 단조로운 일상을 환기시켜 주고, 공부에 다시 집중할 수 있는 힘이 되어 줍니다. 이외에도 가끔은 맛있는 것도 먹고, 친구를 만나거나, 좋아하는 무언가를 스스로에게 선물하는 것도 좋습니다. 이런 여유가 필요할 때가 있으니까요. 물론, 가끔이라는 것이 중요합니다.

○ **자기기만**

　선생님들과 상담을 하다 보면, 생각보다 자기기만에 갇혀있는 분들의 모습을 자주 볼 수 있습니다. 다양한 형태로 자신을 속이며, 무의식중에 공부에서 도피하려는 모습을 보였던 분들도 계셨습니다. 그런데 사실 저 역시도 그랬습니다. 오랫동안 자기기만에 빠져 있었고, 꽤 긴 시간이 지나서야 그 사실을 알아차릴 수 있었습니다. 생각해 보면 시험을 준비하는 환경 자체가 우리를 자기기만에 쉽게 빠지도록 합니다. 시험을 준비하는 기간은 그만큼 힘드니까요. 자책할 필요는 없습니다. 중요한 것은 지금, 이 순간 우리가 이러한 사실을 인지하고 있다는 점입니다. 저는 스스로를 돌아보는 자기 성찰을 통해 이를 극복했습니다. '내가 느끼는 감정이 어떤 것인지', '나의 행동에는 진짜 목적은 무엇인지'와 같은 질문을 스스로에게 던지고, 진지하게 답해보기 바랍니다. 이 과정 속에서 많은 것을 깨닫게 될 겁니다.

> **TIP** 고민의 대상을 시험이나 나 자신이 아닌 '오늘 공부해야 하는 것', '이번 달에 공부해야 하는 것', '부족한 것'처럼 공부에 초점을 맞추길 바랍니다. 고민의 대상을 바꾸는 것만으로도 부정적인 생각을 없애는 데 도움이 됩니다.

나는 폭풍이 두렵지 않다.
나의 배로 항해하는 법을 배우고 있으니까.
_ 헬렌 켈러

05

공부 방법에 현혹되지 말자

우리는 초등학교부터 취업까지 수많은 시험과 함께합니다. 요즘은 은퇴 후에도 자격증 준비를 하는 경우가 많다고 하니, 가히 시험의 민족이라고 불러도 과언이 아닙니다. 그래서일까요? 대한민국에서는 '합격을 가져다주는 필승 비법', '고득점을 만들어주는 공부 비책'과 같은 정보가 넘쳐납니다. 임용고시도 예외가 아닙니다. 학원 강의, 합격 수기, 각종 매체를 통해 수많은 공부 방법이 쏟아지고, 저마다 '이 방법을 쓰면 무조건 합격한다.'라고 장담합니다. 반대로 이 방법을 사용하지 않으면 불합격할 것이라는 식의 압박도 뒤따르죠. 막연한 불안 속에서 '이렇게 하면 합격합니다!'라는 확신에 찬 이야기를 듣고 있으면, 누구라도 솔깃할 수밖에 없습니다. 필요 이상으로 인터넷 강의를 찾게 되는 것도 같은 이유일 것입니다. 하지만 분명히 이야기할 수 있는 것은 '무조건 성공하는', '합격을 보장하는' 완벽한 공부 방법은 어디에도 없습니다. 만약 있었다면 불합격하는 사람은 없었을 겁니다.

'그러면 어떻게 하라는 거야?'라고 되묻는 분들이 있을지도 모르겠습니다. 제가 이야기하고 싶은 것은 공부 방법에 현혹되지 말자는 것입니다. 아무리 유명하고 효과가 좋은 공부법도, 결국 하나의 도구에 지나지 않습니다. 도구가 나에게는 맞지 않을 수도 있고, 사용 방법을 잘 모른 채 따라 했을 수도 있습니다. 공부 방법이 모든 것을 해결해주지는 않습니다. 모든 문제를 해결해주는 마법 같은 방법은 없다는 것을 먼저 인정해야 합니다.

제가 권해드리고 싶은 것은 성찰(省察)입니다. 성찰의 사전적 의미는 '자신이 한 일을 깊이 되돌아보는 일'입니다. 공부 방법에 대해서도 마찬가지입니다. '이것이 정말 나에게 도움이 될까?', '이 방법이 효과가 있을까?', '그저 남들이 하니까 따라 한 건 아닐까?'라는 질문을 스스로에게 던져야 합니다. 우리에게 필요한 것은 유명한 공부 방법이 아닌, '나에게 도움이 되는' 공부 방법이라는 사실을 명심하기 바랍니다.

> 남의 말을 따라 하기 위해서는 교육이 필요하다.
> 그 말에 도전하기 위해서는 두뇌가 필요하다.
> _ 메리 페티본 풀

06

공부에도 여유가 필요합니다

    학교에서 근무하다 보니 배구를 할 일이 많아졌습니다. 예전보다 많이 줄었다고는 하지만, 여전히 많은 학교에서는 교직원들이 모여 배구를 합니다. 저에게 배구는 학교 수행평가로 몇 번 튀겨본 것이 전부였습니다. 운동 신경이 좋은 것도 아니고 운동에 흥미도 없던 저에게 배구하는 날은 참 힘들었습니다. 그래도 이제는 늘어난 경력과 함께 배구도 조금 익숙해졌습니다. 하지만 배구를 하면서 여전히 익숙하지 않은 순간이 있습니다. 바로 서브를 하는 순간입니다. 이때는 시합 중 유일하게 완전히 혼자가 되는 시간입니다. 선수들과 구경하는 관중 모두에게 가장 많은 관심과 주목을 받게 되는 순간이기도 합니다. 오버헤드 플로터 서브(공을 머리 위로 던져서 하는 서브) 같은 어려운 서브는 시도조차 하지 않습니다. 그 쉽다는 언더핸드 서브를 일관하는데도 네트를 넘기기가 쉽지 않습니다. 평소에는 잘만 넘어가는 네트가 경기가 시작되었을 때는 어찌나 높아 보이는지…. 연습할 때는 대충 휘둘러도 넘어가는 배구공이 왜 경기만 시작하면 넘어가지 않는 걸까요?

저는 사실 이유를 알고 있습니다. 여유가 없었기 때문입니다. 서브만 하면 긴장하다 보니 손동작, 발동작이 제대로 연결되지 않고 공에서 시선을 놓치기 일쑤입니다. 무게 중심 따위는 생각나지도 않고 머리가 하얘집니다. 다시 생각해 봐도 서브가 제대로 될 리가 없겠네요.

공부도 똑같습니다. 시험을 준비하다 보면 공부할 것이 많고, 매일매일 정해둔 계획을 빈틈없이 실천해야 합니다. 자연스레 몸은 항상 긴장 상태일 수밖에 없습니다. 여유가 없어진 우리의 몸은 자연스레 경직되기 시작하며 생각까지 영향을 미칩니다.

여유가 없는 공부는 눈가리개를 씌워둔 경주마입니다. 주변을 보지 못하고 오직 앞을 향해 가는 것이죠. 공부는 언제나 성공적일 수 없습니다. 실패가 동반되고, 부족한 점이 생기기 일쑤입니다. 옆도 보고, 뒤도 돌아봐야 합니다. 이것을 위해 필요한 것이 여유입니다. 함께 존재하기 어려워 보이는 공부와 여유는 의외로 좋은 시너지 효과를 가지고 옵니다. 여유를 가지면 나에게 부족했던 점들이 하나둘 눈에 보이기 시작하거든요. 여유를 가져야 한다고 해서 공부를 줄이고, 잠을 더 많이 자며, 여행을 떠나라는 의미는 아닙니다. 제가 말하는 여유는 마음의 여유를 뜻합니다. 경직되어있는 마음에 여유를 가지는 것이죠.

지금도 학교에서 배구를 하다 보면 서브를 해야 하는 순간이 다가옵니다. 여전히 긴장하지만, 요즘은 특별한 의식을 치릅니다. 휘슬이 울려도 바로 서브하지 않고 잠시 기다립니다. 떨리는 마음을 진정시키기 위해 심호흡을 하고, 바닥에 공을 몇 번 튀겨봅니다. 여전히 네트를 넘기지 못할 때도 많지만, 서브 성공률이 상당히 높아졌습니다.

선생님들의 서브는 항상 성공하길 바랍니다.

> 새는 알에서 나오기 위해 투쟁한다. 알은 세계이다.
> 태어나려는 자는 하나의 세계를 깨트려야 한다.
> ─ 『데미안』 中

07

할 수 있다는 마음가짐

　우리는 많은 일을 하기도 전에 단정 지어 버립니다. '왠지 안 될 것 같아서', '나에겐 그런 일이 생기지 않을 것 같아서'라는 이유를 들어서 말이죠. 하지만 살다 보면 정말 불가능한 일은 그리 많지 않습니다. 로또 1등 당첨이라는 저의 꿈은 다소 어려워 보이지만, 누군가는 세상에 없는 새로운 것을 발명했고, 믿기 힘든 놀라운 일을 해냅니다. 또, 누군가는 선생님이 되기도 하고요. 처음에는 모두 불가능하다고 생각했지만, 누군가는 이 생각을 뛰어넘어 불가능을 가능으로 만들었습니다.

　우리는 어쩌면 '불가능할 것 같다'라는 생각 하나로 스스로를 단정 지었을지 모릅니다. 사실은 불가능한 것이 아니라 불가능할 것 같아서였는데 말이죠. 임용고시도 마찬가지입니다. '합격하기 어려운 시험이야.', '초수니까 당연히 안 되겠지', '다 떨어지는데 나도 합격하기 어렵겠지.' 시작도 해보기 전에 이미 마음속에서 스스로를 포기해 버립니다. 하지만 한 가지 분명한 건 합격할 수 없다고 생각하면 그 가능성은 0%가 된다는 사실입니다.

반대로 할 수 있다는 마음을 품는 순간, 우리에게 합격이라는 가능성이 피어납니다. 그 확률이 낮더라도 말이죠. 할 수 있다는 마음 하나에만 집중하고 하루하루 최선을 다해보길 바랍니다. 적어도 '나'만큼은 스스로를 믿어줘야 하지 않을까요? 할 수 있습니다. 목소리를 내든, 속으로 이야기하든 좋습니다. 딱 5번만 스스로에게 외쳐봅시다.

'할 수 있다!'
'할 수 있다!'
'할 수 있다!'
'할 수 있다!'
'할 수 있다!'

할 수 있다는 마음과 굳센 의지가 선생님을 시험 합격으로 이끌어줄 것이라 감히 자부해 봅니다.

> 당신이 진정으로 믿는 일은 반드시 이루어진다.
> 그 믿음이 그것을 실현시킨다.
> _ 프랭크 로이드 라이트

08

결국, 운인 것 같다고요?

임용고시와 관련된 이야기를 나누다 보면 자주 등장하는 단어가 바로 '운'입니다. '운이 좋아서', '운이 좋지 않아서'처럼 말이죠. 그중 가장 안타까운 말은 '선생님, 결국은 운인 것 같아요.'라는 말입니다. 사실 완전히 틀렸다고 보기는 어렵습니다. 임용고시는 꽤 운이 작용하는 시험이라는 것은 사실이니까요. 갑자기 내가 응시하는 과목의 티오가 많이 늘어날 수도, 줄어들 수도 있고, 내가 공부하지 않은 과목에서 운 좋게 한 문제도 출제되지 않을 수 있습니다. 사실 이런 요소들은 어쩔 수 없는 부분이기도 하지만, 실제 합격에서 지대한 영향을 준다고 보기는 어렵습니다. 그래서 저는 운을 '거의' 믿지 않습니다.

그렇다면 합격자들이 흔히 하는, '운이 좋아서 합격했다.'라는 말은 어떨까요? 정말 그저 운이었을까요? 저는 그렇지 않다고 생각합니다. 그 '운'의 이면에는 보이지 않는 노력과 시간이 전제되어 있습니다. 수없이 많은 날을 버텨내며, 쉬고 싶을 때도 책을 폈던 순간들, 포기하고 싶었던 마음을 붙잡고 다시 책상에 앉았던 그 모든 시간들이 말이죠. '운이 좋아서요.'라는 말은 사실 그 오랜 노력과 복잡한 감정을 모두 담아낼 수 없어 이야기한 겸손 섞인 표현일 뿐이라고 저는 믿습니다. 그리고 그 겸손 섞인 표현 속에는 치열한 시간과 노력이 숨어있습니다. 우리는 흔히 결과만을 보고 운이라 이야기하지만, 그 이면에는 반드시 '과정'이 존재합니다.

운 좋게 공부한 부분에서 나왔다는 것은 내가 그만큼의 범위를 공부했다는 것이 전제되어 있습니다. 2차 시험에서 운이 좋게 뒤집었다는 것은 피나는 연습과 피드백을 견뎌낸 과정이 있어야 가능한 이야기입니다. 티오가 많아서 합격했다는 말 뒤에는, 티오가 적을 때도 최선을 다한 과거의 내가 있습니다. 운이라는 건 결국 어떻게 조절할 수 없이 부과되는 무언가가 아니라, 나의 행동과 노력 위에 놓이는 작고 사소한 변수일 뿐입니다.

운이라는 단어에 나를 매몰시키지 않았으면 좋겠습니다. 운에 모든 걸 맡기는 순간 내가 할 수 있는 것은 없어집니다. 그저 언젠가 운이 따라 주겠지라는 마음으로 기약 없는 시험을 반복할 뿐입니다.

운이라는 단어를 걷어내고 나를 돌아보면, 예상하지 못한 것들이 보이기 시작합니다. 당연하다고 여겼던 부분에서 허점을 발견하고, 자신 있다고 믿었던 부분에서 놓치는 것들을 마주하게 됩니다. 운이 아닌 스스로에게 집중하기 시작하면, 우리는 비로소 '운이 좋지 않아서'가 아니라 '어떻게 더 나아질 수 있는지'를 고민하게 됩니다. 그리고 이것이야말로 우리를 단단하게 만들어줄 힘이 됩니다.

결국, 운인 것 같다고요?
아니요. 운이란 건 없습니다.
오직 선생님이 쌓아온 시간만이 있을 뿐입니다.

> 상상을 할 수 없는 꿈을 꾼다면,
> 상상을 할 수 없는 노력을 해라.
> _ 신원 미상

09

'꾸준함의 힘' 공부는 관성이다

　오랜 시간을 달려야 하고, 매 순간 고뇌하며 인내해야 하는 여정, 골인 지점에 도착했을 때의 희열까지, 임용고시는 마라톤과 똑 닮아있습니다. 그렇다면 마라톤 완주를 위해 가장 필요한 것은 무엇일까요? 저는 페이스 조절이라 생각합니다. 좋은 기록으로 마라톤을 완주하고 싶다면, 달리기 시작부터 도착 지점까지 페이스를 잃지 않아야 합니다. 욕심을 내어 일찍부터 속도를 내거나, 반대로 치고 나가야 하는 타이밍을 놓친다면 좋은 성적을 거두기 어렵습니다.

　임용고시도 똑같습니다. 페이스 조절 없이는 시험이라는 마라톤을 완주하기도 전에 쓰려질지 모릅니다. 그런데 우리는 이런 사실을 잊고 시작부터 전력 질주를 해버리곤 합니다. '매일 10시간 이상 공부할 거야!', '밥 먹는 시간 빼고 공부만 해야지!'처럼 말이죠. 며칠 동안은 열심히 하고 있다는 성취감에 뿌듯할지도 모르겠습니다. 하지만 1년이라는 시간을 전력 질주로 보낼 수 있을까요?

우리에게 필요한 것은 전력 질주가 아닙니다. 매일매일 조금이라도 꾸준히 공부하는 페이스 조절이죠. 매일 꾸준히 공부하는 것은 쉽게 보일지 모르지만, 이것을 실행하는 것은 전혀 다른 차원의 어려움입니다. 의지의 문제라기보다, 오히려 버텨내는 일에 가깝습니다. 하지만 이러한 인내의 시간이 쌓이면, 어느 순간부터 공부에 관성이 생기기 시작합니다.

> **관성**
> —
> 물체가 외부로부터 힘을 받지 않을 때
> 처음의 운동 상태를 계속 유지하려는 성질

시간이 지날수록 의식하지 않아도 공부에 자연스레 집중하게 됩니다. 마치 달리던 버스가 갑자기 멈춰서도 몸은 앞으로 나아가려고 하는 것처럼 말이죠. 저 역시 처음에는 하루에 6~7시간을 겨우 채워가며 공부했습니다. 하지만 시험이 가까워질수록 공부 시간은 8시간, 9시간, 10시간으로 점차 늘어났습니다. 11월이 되자 드디어 하루 10시간 이상 공부하는 것도 힘들지 않았습니다. 그만큼 관성이 생겼다는 뜻이겠죠.

물론 쉽지 않다는 것도 압니다. 매일 같은 마음으로 공부에 임하는 일은 결코 단순하지 않으니까요. 어떤 날은 의욕이 넘치고, 또 어떤 날은 책상 앞에 앉는 것조차 버거울 때가 있습니다. 그럴 때일수록 자신을 몰아세우기보다는, 하루를 견뎌냈다는 사실 자체에 스스로를 다독여 주세요. 때로는 느리고, 뒤처지는 것 같아도 조금씩 나아가고 있는 것이니까요.

　공부를 열심히 하겠다는 사람은 많지만 꾸준히 하겠다는 사람은 없습니다. 꾸준함이야말로 우리의 마라톤을 도착 지점까지 데려다줄 진짜 힘입니다. 선생님들께도 흔들리지 않는 공부의 관성이 자리 잡기를 진심으로 응원합니다.

> 특별한 삶은 매일 끊임없는 개선을 통해 만들어지는 것이다.
> _ 로빈 샤르마

10

내가 모른다는 것을 안다는 것

우리는 흔히 공부를 '지식을 쌓아 가는 과정'이라고 생각합니다. 더 많은 것을 알고 복잡한 개념을 이해하는 것을 공부라 여깁니다. 하지만, 소크라테스는 다른 시각에서 공부를 바라봤습니다. '무지의 자각' 즉 내가 모르는 사실을 인지해야 함을 강조했습니다. 이러한 태도는 단순히 철학적인 사유에서 벗어나 시험을 준비하는 우리에게 의미하는 바가 큽니다. 상담을 하다 보면 '완벽한 공부'가 있다고 생각하는 분들이 있습니다. 예를 들어, 기본서 공부를 어떻게 했는지 묻는 말에 어떤 선생님께서는 '처음부터 끝까지 꼼꼼히 정독했고, 모두 다 이해할 정도로 완벽하게 공부했습니다.'라고 자신 있게 말씀하시곤 합니다. 그런데 과연 정말 그럴까요?

공부란 스스로에게 '내가 정말 잘 이해하고 있는가?', '무엇을 알고 무엇을 모르고 있는가?'에 대한 질문을 던지는 것으로 시작해야 합니다. 이것을 통해 우리는 모르는 것을 인지하는 무지의 자각이 가능해집니다. 완벽한 공부란 없습니다. 완벽하게 알고 있다는 것은 다르게 생각하면 내가 모르는 것을 인지하지 못했다는 표현입니다. 한때는 저도 완벽한 공부가 있다고 생각했습니다. 완벽하게 이해했다고 생각했고, 문제가 풀리지 않는 이유는 나의 실수나 운 정도로 치부해 버렸습니다. 하지만 그렇지 않았습니다. 공부를 거듭할수록 내가 모르는 것이 많았다는 것을 깨달았습니다.

공부는 답을 찾아가는 과정이기도 하지만, 스스로에게 질문을 던지는 과정이기도 합니다. 좋은 질문은 내가 모르는 것을 인정할 때 비로소 나올 수 있습니다.

모른다는 사실을 인지하는 것. 공부는 바로 거기에서 시작됩니다.

> 신이여, 바라옵건대
> 제게 바꾸지 못하는 일을 받아들이는 차분함과
> 바꿀 수 있는 일을 바꾸는 용기와 그 차이를
> 늘 구분하는 지혜를 주옵소서.
> _ 니버의 기도

에피소드 Ⅰ

"나의 소울푸드는
가쓰오 우동과 치즈 불닭 김밥"

　시험을 준비하면서 공부보다 많이 했던 고민은 믿기 어렵겠지만 밥이었다. 아침은 엄마가 차려주는 밥상 덕분에 수월했지만, 점심, 저녁, 간식, 야식까지 하루에 먹어야 할 밥은 생각보다 많았다. 지금이야 무엇을 먹을지 고민하는 시간이 생각하는 것만으로 설레지만, 그 시절엔 매 끼니가 부담이자 고역이었다. 하루빨리 캡슐 하나만 먹어도 배불러지는 세상이 오기를 진심으로 바랬을 정도니까. 먹는 것을 고르는 것은 왜 이렇게 귀찮은지, 결국 어제 먹은 밥을 그대로 먹어보지만 비슷한 밥은 점점 물리기 시작했다. 그중에서도 내가 밥을 먹으며 가장 싫어했던 순간은 식곤증이었다. 밥을 먹으면 어찌나 잠이 오던지…. 매슬로우 이론도 역시 항상 맞는 것은 아닌가 보다. 햄버거, 학생식당, 도시락, 편의점 등을 성지 순례라도 하듯 기웃거렸다. 그런데 이런 나에게도 항상 먹어도 질리지 않고, 언제나 최고의 만족감을 주던 최애, 최강의 메뉴가 있었으니, 그것은 바로 편의점 '가쓰오 우동'과 '치즈 불닭 김밥'이었다. 가쓰오 우동은 특이하게 면에 끓는 물만 붓고 끝이 아니라, 물을 붓고 소스를 넣은 후 뚜껑을 살짝 덮어 전자레인지에 돌려야 한다. 면이 거의 익었을 때쯤 뚜껑을 살짝 열어 건더기 스프를 넣은 뒤 다시 뚜껑을 닫고 1분을 기다린다. 이 묘한 제조 방식은 왠지 모를 맛의 신뢰를 더해준다. 짧고도 긴 기다림 끝에 진한 국물이 일품인 가쓰오 우동이 완성된다. 달짝지근하면서, 짭조름한 우동 국물, 편의점 우동이라고 믿기 힘들 정도의 깊은 맛이 어우러져 있다. 여기에 환상의 짝꿍이 바로 (바삭) 치즈 불닭 김밥이다. (바삭) 치즈 불닭 김밥은 밥과 불닭 양념 사이에 굵직한 스트링 치즈가 놓여있다. 전자레인지에 40~60초 정도는 돌려야 치즈가 먹기 좋게 녹기 때문에, 반드시 돌려먹어야 한다. 김이 눅눅해질 걱정은 할 필요가 없다. 김은 기가 막히게 밥과 분리되어 있다. 한 입 베어 물면 불닭이라는 이름에 걸맞게 매콤하면서도 달콤한 맛이 정말 예술이다. 치즈 불닭 김밥에 입이 얼얼해질 즈음, 가쓰오 우동 국물 한 모금, 면발 한 가닥이면 세상 부러울 게 없는 맛이 탄생한다. 사치를 부리고 싶은 날에는 음료수 한 잔까지 목구멍으로 털어 넣으면 이것이 극락왕생, 무릉도원, 태평성대가 아니면 무엇일까. 지금도 가끔 편의점을 들를 때가 있다. 가쓰오 우동과 치즈 불닭 김밥을 후후 불어가며, 츄리닝 차림에 부스스한 머리, 수학 문제와 씨름하고 있었던 '그때의 나'를 떠올려본다.

> 이 글을 읽고 먹어보고 싶은 분들이 있을지 몰라 자세한 정보를 남겨둡니다. 가쓰오 우동은 CJ에서 나온 제품이며 소형 제품도 존재합니다. 김밥과 먹을 때는 작은 제품도 좋습니다. 치즈 불닭 김밥은 단종되어서 굉장히 아쉬웠는데, 최근 다시 출시되었습니다. 원래는 좀 더 얇은 김밥 형태였는데, 현재는 조금 두툼한 모습으로 바뀌긴 했지만, 맛은 여전히 좋습니다. GS에서 (바삭) 치즈 불닭 김밥을 찾기 바랍니다. 여러분들이 저와 똑같은 감동을 느낄 수 있기를 소망해 봅니다.

2장

임용고시,
1년 톺아보기

11

임용고시에 대해 알아보자

임용고시란 교사를 선발하기 위한 시험입니다. 정식 명칭은 '중등학교 교사 임용후보자 선정 경쟁 시험'입니다. 조금 길죠? 어려운 시험 난이도 덕분에 '고시'를 붙여 보통 임용고시라 부르기도 하고, 임용시험이라고 부르기도 합니다. 시험은 전공 시험인 1차 시험과 수업 실연, 면접을 평가하는 2차 시험으로 나누어져 있습니다. 공립 교사를 뽑기 위한 시험이지만, 요즘은 사립학교에서도 1차 시험을 위탁해 보고 있습니다.

시험관리 기관

시험을 관리하는 기관은 시·도 교육청과 한국교육과정평가원입니다. 시·도 교육청에서는 시행 공고, 원서 교부 및 접수, 문답지 운송, 시험 실시, 합격자 발표와 같은 일을 하며 한국교육과정평가원에서는 1차, 2차 시험 출제 및 채점을 주관합니다.

시험 자격 요건

임용고시 시험 자격 요건은 '한국사능력검정시험 3급 이상 합격자', '2급 정교사(혹은 졸업 예정자)' 두 가지입니다. 이외에 정년을 초과한 나이이거나 특별한 결격 사유가 있지 않은 이상 시험에 응시할 수 있습니다.

한국사 자격증

한국사 자격증은 5년의 자격 요건이 있었지만, 인정 기간 요건이 폐지되었습니다. 따라서 시기와 상관없이 한 번만 합격해도 시험에 응시 가능합니다. 한국사 시험은 47회 시험부터 급수 체계가 개편되어 기존에는 고급, 중급, 초급 3종류로 총 6등급으로 구별되어 있었지만, 현재는 심화와 기본 2종류 6등급 체계로 바뀌었습니다. 임용고시에 응시하기 위해서는 심화 3급(만점에서 60% 이상 득점) 이상을 취득해야 합니다. 참고로, 인정 등급 체계가 바뀌기 전에 한국사 자격증을 취득하였더라도 '고급(1, 2급), 중급(3급)'의 성적을 받은 경우라면 응시할 수 있습니다.

> 나는 젊었을 때 10번 시도하면 9번 실패했다.
> 그래서 10번씩 시도했다.
> _ 조지 버나드 쇼

12

임용고시 1년: 시험 일정 톺아보기

임용고시 시험 일정을 살펴보겠습니다. 매년 조금씩 차이는 있지만, 큰 틀에서는 비슷한 일정을 따라갑니다. 시기별로 어떤 일정이 있는지를 살펴보고, 일정별 세부 사항에 대해서 살펴봅시다.

1년 시험 일정

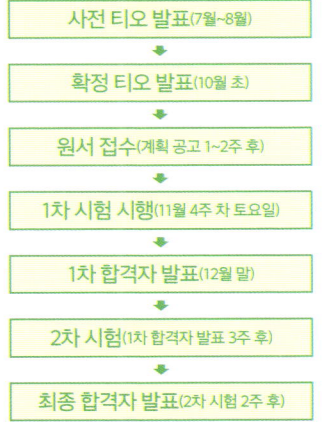

2장 임용고시, 1년 톺아보기   51

일반적인 임용고시 일정은 앞의 표와 같습니다. 해마다 차이가 있으므로, 지역별 공고문을 반드시 확인하기 바랍니다. 참고를 위해 2025학년도 임용고시 일정을 정리해 두었습니다.

※ 2025학년도 임용고시 일정 ※

· 사전 티오 발표: 2024.8.7 (수)
· 시험 계획 공고: 2024.10.2 (수)
· 응시 원서 접수 기간: 2024.10.14 (월) ~ 10.18 (금)
· 시험 장소 공고: 2024.11.15 (금)
· 1차 시험: 2024.11.23 (토)
· 1차 합격자 발표: 2024.12.26 (목)
· 2차 시험(수업 실연): 2025.1.21 (화)
· 2차 시험(면접): 2025.1.22 (수)
· 최종 합격자 발표: 2025.2.11 (화)

사전 티오 발표

임용고시는 확정 티오가 나오기 전, 대략적인 인원수를 알려주는 사전 티오 제도를 시행하고 있습니다. 과목에 따라 티오가 나지 않는 경우도 있다 보니 이러한 방식을 취하고 있는 것이 아닌가 추측해 봅니다. 사전 티오 발표는 원칙상 시험 6개월 전까지 반드시 공지하도록 규정되어 있습니다. 하지만 사전 티오를 공지하기 어려운 상황일 때, 시험 3개월 전까지 발표를 늦출 수 있다는 조항 때문에 최근에는 교원 수급을 비롯한 여러 이유를 들어 7월 말에서 8월 초에 사전 티오를 발표하고 있습니다. 원래의 취지에 맞게 6개월 전에는 반드시 발표해 줬으면 하는데, 매년 늦어지니 아쉬울 따름입니다.

확정 티오 발표

10월 초에는 임용고시 시행 계획이 공고됩니다. 여기에서 드디어 확정된 티오를 확인할 수 있습니다. 공립뿐 아니라 사립 선발 인원도 이때 발표됩니다. 사립의 경우, 위탁의 범위와 시험에 대한 정보도 함께 공개되기 때문에 사립 지원을 고민한다면 자세히 살펴볼 필요가 있습니다. 시험 변경 사항이 있는 경우 이때 함께 안내되며, 1, 2차 시험과 실기 과목에 대한 정보 및 원서 접수에 대한 설명이 포함됩니다.

원서 접수

온라인 교직원 채용 사이트

확정 티오 발표 약 1~2주 후에는 원서 접수가 시작됩니다. 접수는 월요일부터 금요일까지 5일간 진행되며, '나이스 온라인 교직원 채용' 사이트에서 진행합니다. 접수 사이트는 해당 교육청에서 팝업창으로 안내하거나, 별도 공고문에 안내됩니다. 접수 과정에서 특별히 어려운 점은 없지만, 응시 지역과 지원 유형(공립/사립/동시지원)을 정확히 확인한 뒤 접수합니다.

	원서 작성	원서 수정	원서 취소 및 환불	원서 취소 후 추가접수
원서 접수 기간	가능	가능	가능	가능
취소 기간	불가능	불가능	가능	불가능
수험표 출력 기간	불가능			

원서 접수 기간 내에는 원서 내용을 수정하거나, 취소 후 다른 지역에 다시 접수하는 것 모두 가능합니다. 하지만 접수 기간이 넘어가면 원서를 취소 및 환불받는 것 이외에는 할 수 있는 것이 없으니 기한을 반드시 지키기 바랍니다.

원서 접수 경쟁률은 실시간으로 확인할 수는 없지만 매일 접수가 마감된 뒤 각 교육청에서 접수 현황을 공유합니다. 이러다 보니 접수 현황을 보고 고민하다가 마지막 날에 원서를 접수하는 분들이 많습니다. 간혹 마지막 날 접수자가 몰려 사이트 접속이 불안정한 경우가 생기기도 하니 여유 있게 접수하는 것을 추천합니다.

시험 장소 공고

1차 시험 일주일 전쯤에는 시험 장소와 유의 사항에 대한 공고가 이루어집니다. 시험 장소가 집과 가까운 곳이라면 상관없겠지만, 그렇지 않은 경우라면 숙소를 구하거나 당일 이동 방법에 대해 사전에 고민할 필요가 있습니다. 숙소의 경우 대부분 비슷한 곳에 묵게 되기 때문에 일찍 예약하는 것이 좋습니다. 또한, 지역별로 시험장 입실 시간과 유의 사항 등에 차이가 나는 경우가 있으니 관련 공고문을 꼼꼼히 확인하기 바랍니다.

1차 시험

1차 시험은 11월 네 번째 주 토요일에 보통 진행됩니다. 시험 시간과 배점은 다음과 같습니다.

교시	1교시(교육학)	2교시(전공 A)		3교시(전공 B)	
출제 분야	교육학	교과 교육학		교과 내용학	
시험 기간	60분(09:00~10:00)	90분(10:40~12:10)		90분(12:50~14:20)	
문항 유형	논술형	기입형	서술형	기입형	서술형
문항 수	1문항	4문항	8문항	2문항	9문항
배점	20점	8점	32점	4점	36점
	20점	40점		40점	

※ 각 교시 사이에는 40분씩 휴식 시간이 있음

1차 합격자 발표

1차 시험 합격자 발표는 1차 시험이 끝나고 약 한 달 후에 나옵니다. 1차 시험이 11월 말이기 때문에 1차 합격자 발표는 보통 12월 크리스마스 근처로 발표됩니다. 합격자 확인은 내가 응시한 교육청 홈페이지에 들어가 나이스 채용시스템 사이트에서 확인할 수 있습니다. 개인 정보를 입력하면 손쉽게 확인할 수 있으며, 오전 10시에 결과가 나옵니다.

2차 시험

2차 시험은 1차 시험 합격자 발표 후 약 3주 후에 진행됩니다. 수업 실연과 심층 면접을 평가하며 비교과의 경우 면접 100%로 진행됩니다. 2차 시험의 경우 지역별 차이가 크기 때문에 시험 세부 사항에 대해 정확히 확인해야 하며, 변경 사항이 있지는 않은지 확인합니다.

시험 과목	시험 기간
교과 적성 심층 면접, 교수·학습 지도안 작성, 수업 능력 평가(수업 실연, 실기·실험)	시·도 교육청 결정

최종 합격자 발표

최종 합격자 발표는 2차 시험 이후 약 2주 후인 2월 초에 주로 이루어집니다. 1차 시험을 기준으로 생각해 보면, 약 2달 반이 넘는 시간을 기다려야 비로소 최종 결과를 확인할 수 있게 되는 셈입니다. 오랜 기다림이겠지만, 모두 합격의 기쁨을 느꼈으면 좋겠습니다. 합격 여부를 확인하는 방법은 1차 합격자 발표와 똑같습니다.

> 자유와 정의 다음으로 중요한 것은 대중 교육인데,
> 대중 교육 없이는 자유도 정의도 영원히 유지될 수 없다.
> _ 제임스 A. 가필드

13

어떤 지역을 선택해야 할까요?

임용고시는 응시할 지역을 먼저 선택한 뒤, 시험을 치르게 됩니다. 보통은 해당 지역에 합격하면 정년까지 그 지역에 근무하게 되기 때문에, 지역 선택은 생각보다 많은 선생님에게 큰 고민거리입니다. 단순히 원하는 지역을 선택하면 되지 않을까 싶지만, 합격 가능성을 함께 고려해야 하다 보니 고민은 깊어질 수밖에 없습니다. 연고가 없는 지역이라도 합격 가능성이 크다면 도전해 볼 수 있지만, 막상 마음처럼 쉽게 결정하기 어렵습니다. 반대로 원하는 지역만 고집하기에는, 높은 경쟁률과 커트라인이 부담스럽게 느껴집니다. 만약 내가 원하는 지역이 티오도 많고, 경쟁률은 낮고, 나에게 유리한 지역이라면 더할 나위 없이 좋겠지만, 현실에서는 이런 조건을 모두 갖춘 지역을 만나기는 어렵습니다. 결국, 무엇을 우선순위에 두냐에 따라 선택이 달라질 수밖에 없습니다. 거주지를 포기할 수 없다면, 해당 지역으로 응시하면 됩니다. 단, 통근이 가능한 주변 지역을 후보로 정해둘 수는 있겠죠. 반대로 합격을 우선순위에 둔다면 상대적으로 티오가 많고 경쟁률이 낮을 것으로 예상되는 지역을 고려해 볼 수 있습니다. 지역별 특성을 고려하는 방법도 있습니다. 일부 지역은 1차 시험에서 1.5배수가 아니라 2배수를 선발하거나, 2차 시험의 변동성이 큰 지역들도 있습니다. 2차 시험이 본인의 강점이라면 이런 지역을 응시하는 것도 좋은 전략이 될 수 있습니다.

지역 제한

합격을 우선으로 했지만, 커트라인 맞추기가 부담스러운 선생님들에게는 지역 제한 제도를 고려해 볼 수 있습니다. 지역 제한이란 도서·벽지 등 상대적으로 근무 기피 지역에서 일정 기간 근무하는 조건으로 응시할 수 있는 제도입니다. 이 제도에 지원해 합격할 경우, 섬이나 농어촌 등에서 근무합니다. 비선호 지역을 대상으로 하기 때문에 지원자 수가 적은 편이며, 이에 따라 경쟁률과 커트라인이 낮게 형성되는 경우도 많습니다. 단, 주의해야 할 점도 있습니다. 모든 지역에서 티오가 매년 있는 것은 아닙니다. 특정 연도나 지역에서는 지역 제한의 커트라인이 일반 전형보다 높게 형성되는 경우도 있으니 주의가 필요합니다. 평균적으로 도서·벽지에서 약 8년을 의무 복무하므로 신중히 결정할 필요가 있습니다. '확실한 합격 기회를 노리는 분', '기피 지역 근무에 큰 부담이 없는 분'이라면, 지역 제한 전형도 충분히 고려해 볼 수 있는 전략입니다.

시도 교환 제도

학교에는 시도를 옮길 수 있는 시도 교환 제도가 있습니다. 전남에서 합격했더라도, 다른 지역으로 소속을 옮길 수 있게 해주는 것이죠. 단, 1:1 교환을 원칙으로 합니다. 예를 들어 전남에서 근무하던 수학 교사가 서울로 이동을 원하고, 서울에서 근무 중이던 수학 교사가 전남으로 이동을 원하는 경우에만 교환을 원칙으로 하고 있습니다. 이 제도를 통해 추후 지역 이동의 가능성은 열려 있는 셈입니다. 하지만 지원자가 많아 운이 따라줘야 하는 부분이 존재합니다. 내가 교환을 원하더라도 해당 지역에서 원하는 사람이 없으면 교환이 되지 않기도 하고요. 또한, 시도 교환에도 우선순위가 있다 보니 특별한 사유가 없다면, 우선순위가 뒤로 밀려 언제 교환이 가능할지 예측하기 어렵습니다. 따라서 지역 이동을 고려한다면, 이런 한계점까지 미리 이해해 두기 바랍니다.

재임용

시험에 합격하고 나서, 내가 원하는 지역으로 다시 시험을 응시해 이동하는 경우입니다. 어떻게 보면 원하는 지역에 갈 수 있는 가장 확실한 방법이겠지만, 학교 생활을 하면서 공부하는 것이 쉬운 것은 아니므로 충분한 고민이 필요합니다.

> 백만 가지 사실을 머릿속에 집어넣고도
> 여전히 완전히 무지할 수 있다.
> _ 알렉 본

14

사립학교 지원 궁금하시죠?

최근 사립학교 채용 규모가 눈에 띄게 늘고 있습니다. 공립뿐만 아니라 사립학교에도 퇴직자가 많은 것이 큰 영향을 주지 않았을까 싶습니다. 사립과 공립은 각각 장단점이 있지만, 사립학교에 근무하는 주변 선생님들 이야기를 들어보면 대부분 만족도가 굉장히 높은 편입니다. 특별히 공립만 고집해야 할 이유가 없다면, 사립학교 지원도 적극적으로 고려해 볼 만합니다. 여기에서는 사립학교 지원에 도움이 될만한 주요 정보를 정리했습니다.

사립학교 지원 방식

사립학교 채용은 최근 제도가 변경되어 자사고와 일부 사립학교를 제외하고는 대부분 교육청 위탁을 통해 사립학교 교원을 뽑고 있습니다. 현재 지원할 수 있는 방식은 크게 네 가지입니다.

공립만 지원 / 공·사립 동시 지원 / 사립만 지원 / 사립 복수 지원

공립만 지원은 공립 학교만 지원하는 형태입니다. 공·사립 동시 지원은 공립과 사립을 동시에 지원하는 형태입니다. 일반적으로 공립을 1순위, 사립을 2순위로 쓰게 되며, 우선순위에 대해서는 뒤에 나올 합격자 선정 방식에서 자세히 다루겠습니다. 사립만 지원은 사립학교 1개 법인만 지원하는 것이며, 사립 복수 지원은 사립학교 법인을 2개 쓰는 것입니다. 많은 지역이 '공립만 지원 / 공·사립 동시 지원 / 사립만 지원' 세 가지 지원 방식을 가지고 있으며, 일부 지역에 한정해 사립 복수 지원이 가능합니다. 일부 사립학교의 경우 공·사립 동시 지원자는 응시할 수 없고, 해당 법인을 단독으로 지원한 경우에만 응시가 가능한 경우도 있습니다.

합격자 선정 방식

시험 지원 방식이 다양해지며, 합격자를 결정하는 방식도 복잡해졌습니다. 각 지원 방식이 어떻게 합격자가 결정하는지를 정확히 알고 지원해야 합니다. 먼저 공립만 지원했을 때는 점수로만 합격자가 결정되기 때문에 어려움이 없습니다. 하지만 사립만 지원과 공·사립 동시 지원의 경우, 합격자를 결정하는 방식에 대한 이해가 필요합니다. 일반적으로 사립학교는 사립만 지원한 자를 우선하여 선발하며, 남는 인원이 생길 때 공·사립 동시 지원자를 뽑게 됩니다. 예를 들어 A고등학교에서 수학 교사 1명을 5배수로 뽑는다고 해봅시다. 이때, 사립만 지원자 중 과락을 넘긴 사람이 6명이라면 이 중 득점이 높은 사람 5명이 1차 합격에 선발되며, A고등학교를 2순위로 지원한 공·사립 동시 지원자는 점수에 상관없이 모두 떨어집니다. 하지만, 사립만 지원자 중 과락을 넘긴 인원이 3명이라고 가정해 봅시다. 이때는 1차 합격 인원이 2명 남기 때문에 사립만 지원자는 모두 합격, 공·사립 동시 지원자는 상위 2명이 1차 시험에 합격하게 됩니다. 따라서, 일반적으로는 사립만 지원한 경우 1차 시험에는 합격할 가능성이 큽니다. 그렇다고 무조건 유리하다고 보기는 어렵습니다. 최근에는 워낙 많은 사립학교에서 교사를 선발하고 있어 사립만 지원자로 숫자가 채워지지 않는 경우도 많습니다. 일부 지역의 경우 사립만 지원하여도 우선순위가 없는 경우도 있습니다. 따라서 공·사립 동시 지원을 선택하더라도 사립학교 1차 시험에 합격할 가능성은 꽤 큰 편입니다. 또한, 대부분 지역에서는 1차 시험에서 3~5배수를 뽑는 경우가 많다 보니, 1차 시험 통과 인원 자체가 많다는 점도 고려할 필요가 있습니다. 더불어 최종 합격자를 선발할 때 1차 시험 점수를 반영하지 않거나, 2차 시험의 비중을 높게 편성하는 곳도 있습니다. 자신의 강점과 지역별 전형 방식을 잘 고려해 전략적으로 지원 방향을 정하는 것이 중요합니다.

> **TIP** 사립학교의 합격자 결정 방식과 시험에 대한 정보는 지역 교육청과 해당 법인 홈페이지를 통해 안내되고 있습니다. 학교별로 내용의 편차가 크기 때문에 공고문을 정확히 숙지해야 합니다.

위탁의 범위

현재 사립학교는 대부분 1차 시험을 교육청에 위탁하고 있지만, 지역과 학교마다 위탁 범위에는 조금씩 차이가 있습니다. 일부 학교는 1차 시험만

위탁하고, 나머지 전형은 자체적으로 운영하기도 합니다. 반면, 2차 시험 일부 또는 전체를 위탁하는 경우도 있습니다. 따라서 내가 지원하려는 학교가 어떤 방식으로 전형을 운영하는지, 위탁 범위가 어디까지인지 미리 확인해 두는 것이 중요합니다.

NO	법인명	학교명	선발예정과목/인원			교육청위탁 세부 내용				1차시험 합격자 선발방법		
			과목	인원	계	1차(필기)	2차 실기	2차 수업실연	2차 심층면접	합격자결정방식1)	선발배수	교육학점수반영
1	문태	문태중	수학	1	1	O	해당없음	O	X	선택2	5배수	X
2		문태고	국어	1	2	O	해당없음	O	X	선택2	5배수	X
			역사	1								
3	홍일	목포홍일고	수학	2	5	O	해당없음	X	X	선택2	5배수	X
			영어	1								
			체육	1			X					
			미술	1								
4	유집	영흥중	국어	1	3	O	해당없음	O	X	선택2	5배수	X
			영어	1								
			화학	1								
5		영흥고	국어	2	4	O	해당없음	O	X	선택2	5배수	X
			수학	1								
			영어	1								
6	덕인	덕인고	수학	4	17	O	해당없음	X	X	선택2	5배수	X
			영어	2								
			국어	2								
			일반사회	1								
			생물	1								
			지구과학	1								
			정보·컴퓨터	1								
			보건	1								
			체육	2								
			음악	1			O					
			미술	1								

2025학년도 전남교육청 사립학교 법인별 위탁 세부 현황

교육청 공고문에서는 위와 같이 사립학교별 위탁 세부 현황과 합격자 선정 방식 등이 정리되어 올라옵니다. 일부 학교는 자체 홈페이지에 별도로

안내문을 게시하기도 하며, 궁금한 점이 있다면 해당 학교 법인에 직접 문의하면 됩니다.

기타

일부 학교에서는 교육학 점수를 아예 반영하지 않거나 과락 여부만 반영하는 곳들이 있습니다. 내가 교육학 점수가 잘 나오지 않는 경우라면 전략적으로 이러한 학교를 지원해 볼 수도 있습니다. 한국사 자격증 또한 요구하지 않는 경우도 있습니다.

전국 사립학교 지원 방식

최근 지역별로 시행된 사립학교 지원 방식에 대해 정리해 보았습니다. 해마다 전형은 조금씩 달라지기 때문에 정확한 정보는 사립학교별 시행 계획 공고문을 참고하기 바랍니다.

지역	지원방법	합격자선정방법	위탁 범위	특이사항
강원	· 공립만 지원 · 공립 1순위 + 사립 2순위 · 사립만 지원	선택1: 사립만 지원 우선 선발x 선택2: 사립만 지원자 우선 선발 선택3: 사립만지원자만 지원 가능	1차	· 합격자 선정 방식 구별
경기	· 공립만 지원 · 공립 1순위 + 사립 2순위 · 사립만 지원	공·사립 동시 지원 1순위자 우선 선발	1차	· 선발 배수(1차) 5배수~10배수

지역	지원 방식	선발 방식	시험 차수	비고
경남	· 공립만 지원 · 공립 1순위 + 사립 2순위 · 사립만 지원	공·사립 동시 지원 1순위자 우선 선발	법인별 상이	
경북	· 공립만 지원 · 공립 1순위 + 사립 2순위 · 사립만 지원	공·사립 동시 지원 1순위자 우선 선발	1차	· 선발 배수(1차) 3~5배수 · 교육학 반영 여부 법인별 상이
광주	· 공립만 지원 · 공립 1순위 + 사립 2순위 · 사립만 지원	공·사립 동시 지원 1순위자 우선 선발	법인별 상이	· 위탁 범위가 1차~3차로 나뉨
대구	· 공립만 지원 · 공립 1순위 + 사립 2순위 · 사립만 지원	공·사립 동시 지원 1순위자 우선 선발	1차	· 교육학 반영 여부 법인별 상이
대전	· 공립만 지원 · 공립 1순위 + 사립 2순위 · 사립만 지원	공·사립 동시 지원 1순위자 우선 선발	법인별 상이	
부산	· 공립만 지원 · 공립 1순위 + 사립 2순위 · 사립만 지원	공·사립 동시 지원 1순위자 우선 선발	법인별 상이	· 교육학 반영 여부 법인별 상이 · 선발 배수(1차) 3~5배수
서울	공·사립동시 지원 - 공립만 지원 - 공립 1순위 + 사립 2순위 - 사립만 지원 사립 복수 지원 - 사립만 지원 - 사립 1순위 + 사립 2순위	공·사립 동시 지원에서는 1순위자 우선 선발이 없음 사립만 복수 지원에서는 1순위자를 우선 선발함	1차	· 사립 복수 지원 제도가 있음
세종				
울산	· 공립만 지원 · 공립 1순위 + 사립 2순위 · 사립만 지원	공·사립 동시 지원 1순위자 우선 선발이 법인별 상이	법인별 상이	· 사립 지원의 경우 교육학 시험 제외 · 선발 배수(1차) 3~5배수
인천	· 공립만 지원 · 공립 1순위 + 사립 2순위 · 사립만 지원	공·사립 동시 지원 1순위자 우선 선발	1차	· 사립 지원 교육학 반영X(일부 제외)
전남	· 공립만 지원 · 공립 1순위 + 사립 2순위 · 사립만 지원	선택1: 1순위 2순위 우선 선발 없음 선택2: 1순위자 우선 선발	법인별 상이	· 사립학교 합격자 결정 방식이 두 가지로 나뉨 · 교육학 반영 여부 법인별 상이

전북	· 공립만 지원 · 공립 1순위 + 사립 2순위 · 사립만 지원	공·사립 동시 지원 1순위자 우선 선발	1차	
제주	· 공립만 지원 · 공립 1순위 + 사립 2순위 · 사립만 지원	공·사립 동시 지원 1순위자 우선 선발	1차	· 선발 배수(1차)가 3~5배수
충남	· 공립만 지원 · 공립 1순위 + 사립2순위 · 사립1순위 + 공립 2순위 · 사립만 지원	공·사립 동시 지원 1순위자 우선 선발	1차 or 전체 위탁	· 1차 시험에 3배수면접, 수업 하나만 위탁하는 경우는 없고 1차 위탁 혹은 전체 위탁
충북	· 공립만 지원 · 공립 1순위 + 사립 2순위 · 사립만 지원	선택1: 우선순위 없이 선발 선택2: 1순위 선택자 우선 선발	1차	· 1차 시험에 3배수

군자는 말은 어눌해도 행동에는 민첩하다.
_ 공자

15

시험 준비물, 무엇이 필요할까?

시험 당일에는 어떤 준비물이 필요할까요? 수험표와 신분증만 있으면 시험을 볼 수 있지만, 실제 시험장에서 필요한 소소한 것들이 있기 마련입니다. 어떤 준비물이 필요한지 그 이유와 함께 살펴보겠습니다.

1차 시험 준비물

☐ 수험표(컬러)
☐ 신분증
☐ 방한용품
☐ 공부 자료
☐ 먹을 것(물, 간식, 점심 등)

☐ 필기구
☐ 아날로그 손목시계
☐ 개인용품
☐ 간편 복장

○ **수험표**
시험을 보기 위해서는 수험표가 반드시 있어야 합니다. 수험표는 컬러

출력해야 한다는 점을 기억하길 바랍니다. 시험 당일 수험표를 혹시나 미지참했을 때는 시험관리 본부에서 발급받을 수 있습니다.

○ 신분증

시험 접수자와 실제 응시자가 일치하는지를 확인하기 위해 신분증이 필요합니다. 신분증은 주민등록증, 운전면허증 등 주민등록번호가 표시된 여권 등을 신분증으로 사용할 수 있습니다.

○ 방한용품

임용 1차 시험 시기는 날씨가 쌀쌀한 편입니다. 시험을 보는 교실은 히터를 세게 틀어두지만, 적절한 체온 관리가 필요합니다. 방한용품을 준비하며, 담요와 같은 일부 방한용품은 시험 중 사용이 불가할 수도 있으니 사전에 감독관에게 확인 바랍니다.

○ 공부 자료

시험 당일에는 교육학 시험 시작 전과 중간 쉬는 시간이 40분씩 주어집니다. 결코 짧지 않은 시간이기 때문에 쉬는 시간에 공부할 자료를 준비합니다. 단, 자료를 너무 많이 챙기면 오히려 무엇을 봐야 할지 고민하게 될 수 있으니 주의하기 바랍니다. 단권화 노트, 교육학 요약 자료, 교육과정 정리 자료 등을 중심으로 준비하는 것을 추천합니다. 특정 교과목이 약하다면, 해당 과목만 보는 것도 방법이 될 수 있습니다.

○ **먹을 것(물, 간식, 점심 등)**

시험은 많은 체력을 요구하는 활동이기 때문에 먹는 부분도 신경 써야 합니다. 물은 충분히 챙기되, 미지근한 물과 따뜻한 물을 함께 준비하는 것을 추천합니다. 전공 A 시험이 끝난 후에는 보통 점심을 먹게 됩니다. 소화가 잘되는 음식으로 점심을 준비하세요. 쉬는 시간에 간단히 먹을 수 있는 초코바나 과일 등을 챙겨두는 것도 에너지를 충전하는 데 도움이 됩니다.

○ **필기구**

필기구는 내가 평소에 사용하던 필기구가 가장 좋습니다. 갑자기 나오지 않을 상황을 대비해 여분은 꼭 챙기도록 합시다. 시험지에는 연필처럼 지워지거나 번질 수 있는 염려가 있는 것들은 사용이 불가하며 흑색 필기구만 사용 가능합니다. 참고로 수정테이프나 수정액은 사용이 불가합니다.

○ **아날로그 손목시계**

요즘 시험장에는 시계를 비치해둡니다. 하지만 좀 더 원활한 시간 배분을 위해서 아날로그 손목시계를 준비하면 좋습니다. 원활한 시간 파악을 위해 숫자가 적혀있는 시계를 추천하며, 디지털 시계는 사용이 불가합니다.

○ **개인용품**

시험을 볼 때 내가 공부해오던 환경과 비슷한 환경을 만들어 줄 수 있는 용품들이 있으면 좀 더 편한 마음으로 시험에 임할 수 있습니다. 시험장에서 허용되는 범위 안에서 개인용품을 준비하길 바라며 물티슈, 휴지, 머리

끈 등이 있습니다.

○ **간편 복장**

옷은 활동에 부담이 없는 간편한 복장으로 준비하길 바랍니다. 시험장 온도에 적절히 대응하기 위해 얇은 옷을 여러 개 껴입으면 좋습니다.

2차 시험 준비물

2차 시험 준비물도 1차 시험과 거의 유사합니다. 기본적인 것은 제외하고 다른 부분에 대해서만 간단히 이야기 드리겠습니다.

○ **복장**

2차 시험은 정장을 입고 시험을 봅니다. 시험 순서가 어떻게 될지 모르니, 편한 옷을 챙겨 입고 있다가 순번이 되면 갈아입을 수도 있습니다. 슬리퍼를 준비하는 것도 좋습니다.

○ **공부 자료**

학년별 지도서와 면접 관련 책 등을 준비합니다. 지도서가 너무 무겁고, 번거로울 것 같다면 요약해둔 정리 자료 등을 챙겨가도 됩니다. 지도서와 같은 종이 서적은 대기 시간 동안 열람이 불가한 지역도 있으니 사전에 확인하길 바랍니다.

○ **청심환**

평소 긴장을 많이 하는 분들이라면 청심환을 고려해 보는 것도 좋은 방법입니다. 2차 시험은 짧은 시간에 많은 것을 보여줘야 하는 시험이기 때문에, 최대한 마음의 여유를 갖는 것이 중요합니다. 시험 당일 처음 복용하는 것은 부담이 될 수 있으니, 시험 전에 미리 복용해 보고 부작용은 없는지 효과는 어느 정도인지 확인해 두기 바랍니다.

○ **먹을 것**

시험 순서는 당일 추첨으로 결정되기 때문에, 간식과 점심은 준비해 가는 것이 좋습니다. 운이 좋으면 오전에 시험이 끝날 수도 있지만, 끝 번호를 배정받는 경우도 있으니 오후 늦게까지 시험이 이어질 것을 염두에 두고 준비합니다. 물을 충분히 준비하고, 점심은 소화에 부담이 적은 음식으로 챙겨두기 바랍니다. 목 관리를 위해 목캔디나 프로폴리스 등을 준비하는 것도 좋습니다.

> 너 스스로를 들여다봐.
> 변화는 너로부터 시작될 거야.
> _ 영화 <주토피아> 中

16

시험 당일은 이렇게!

시험 전날은 일찍 잠자리에

시험 전날은 무리하지 않고 충분한 수면을 취하는 것이 중요합니다. 갑자기 일찍 잠자리에 들기는 쉽지 않기 때문에, 적어도 한 달 전부터는 취침 시간과 기상 시간을 일정하게 유지하는 습관을 들이는 것이 좋습니다. 특히 시험 전날 숙소에서 머무는 경우, 잠자리가 바뀌며 생활 리듬이 흐트러지기 쉬우므로 더욱 주의가 필요합니다. 이런 변화에 예민하다면, 거리가 멀더라도 시험 당일 새벽에 출발하거나, 시험 이틀 전부터 숙소에서 지내는 것도 방법이 될 수 있습니다.

아침 식사는 가볍게

시험은 많은 에너지를 요구하는 활동이기 때문에, 공복 상태나 간단한 간식으로만 버티기에는 무리가 있습니다. 아침 식사는 소화가 잘되는 음식

위주로, 적당한 양을 섭취하는 것이 좋습니다. 죽, 바나나, 삶은 달걀처럼 부담 없이 먹을 수 있는 음식을 준비하기 바랍니다.

책상, 의자 점검하기

시험장에 들어가 가장 먼저 할 것은 책상, 의자를 점검하는 것입니다. 초등학교에서 시험을 보거나, 중·고등학교에서 시험을 보더라도 책상이나 의자 상태가 좋지 않은 경우가 많습니다. 이런 요소들은 자칫 시험에 집중력을 떨어트릴 수 있습니다. 시험장마다 차이가 있을 수 있지만, 감독관에게 요구하면 의자와 책상을 교체해 줍니다. 교체까지 생각한다면 시험장에 여유롭게 입실하는 것이 좋겠죠?

시험 직전에는 명상을

저는 긴장을 많이 하는 편입니다. 어렸을 때부터 그래왔던 것이, 여전히 잘 바뀌질 않더라고요. 특히 시험 볼 때는 정도가 심해, 원래 실력을 제대로 발휘하지 못하는 경우가 많습니다. 저와 같은 분이 있다면 시험 직전 5분, 길다면 적어도 1~2분 정도는 명상을 해보기 바랍니다. 명상이라고 해서 어려운 것이 아니라 그냥 눈을 감고, 코끝에 집중하며 들숨과 날숨을 하는 것입니다. 시험 직전은 누구에게나 가장 긴장되는 순간입니다. 저는 괜히 수학 공식 하나라도 머릿속에서 되뇌기보다는, 오히려 머릿속을 비우는 것이 훨씬 효과적이었습니다. 천천히 호흡에 집중하며, 떠오르는 잡생각을 하나씩 지워나가다 보면, 마음이 조금씩 편해지는 것을 느낄 수 있을 겁니다. 완전히 긴장감을 없앨 수는 없더라도, 그 순간을 잘 버텨낼 수 있는 큰 힘이 되어 줄 겁니다.

기타 유의 사항

- 감독관 지시를 잘 따르고 의문 나는 점이 있으면 반드시 질문합시다.
- 시험 도중에는 퇴실이 불가합니다. 혹시 시험 중간에 화장실을 간다면 다시 시험장으로 들어갈 수 없으므로 주의하길 바랍니다.(임산부 제외)
- 휴대전화나 기타 전자기기는 반드시 시험 전 제출해야 합니다.
- 2, 3교시 시험 시작 15분 전까지는 입실해야 합니다.

> 오늘 인생을 바꿔라.
> 미래를 걸고 행운만 믿지 말고
> 지금 당장, 지체 없이 행동하라.
> _ 시몬 드 보부아르

17

합격자 발표 이후 해야 하는 일

1차 시험과 최종 합격자 발표 이후에는 준비해야 할 일들이 적지 않습니다. 이 시기에는 생각보다 일정이 촘촘하게 이어지기 때문에, 미리 계획을 세우고 하나씩 준비해 나가는 것이 중요합니다. 시기별로 어떤 것들을 준비해야 하는지 함께 살펴보겠습니다.

1차 합격자 발표 이후

○ **서류 제출**

1차 합격자는 일정한 서류를 제출해야 합니다. 교원자격증 사본 또는 교원 자격 취득 예정 증명서는 공통으로 제출해야 하며, 개별 서류에는 임지 배정 희망원, 병역 관련 서류, 실기 평가 관련 서류, 장애인 편의 지원 신청서 등이 있습니다. 임지 배정 희망원은 내가 최종 합격을 했을 때 어느 지역에 근무하기를 희망하는지 적는 서류입니다. 반영이 안 되는 경우도 많지만, 혹시 모르니 희망하는 지역으로 작성해 제출하는 것이 좋습니다. 지역에 따라 임지 배정 희망원을 제출하지 않는 경우도 있으며, 서류는 등기로 제출합니다. 사립학교의 경우 제출해야 하는 서류가 다를 수 있습니다. 사립학교 법인별로 별도의 공고문이 올라오기 때문에 해당 공고문을 참고하기 바랍니다.

○ 2차 스터디 및 장소 준비

  1차 합격자 발표 이후에는 2차 스터디를 꾸리고, 스터디할 장소를 확보하는 것이 필요합니다. 기존 2차 스터디에서 1차 합격자가 많다면 크게 상관없겠지만, 그렇지 않으면 새롭게 스터디를 꾸려야 합니다. 다들 비슷한 시기에 스터디를 구하다 보니 조금만 늦어도 적절한 스터디를 찾지 못하거나, 장소를 구하기 어려울 수 있습니다. 스터디는 보통 온라인 커뮤니티를 활용해 구하며, 스터디 구성과 동시에 장소 섭외도 병행해야 합니다.

○ 자료 준비

  2차 시험을 위해서는 다양한 자료와 참고 문헌이 필요합니다. 대표적으로 교과서, 지도서, 면접 관련 자료, 교육 관련 도서 등이 있습니다. 주의할 점은 적용 교육과정의 변경입니다. 최근, 교육과정이 2015개정 교육과정에서 2022개정 교육과정으로 전환되는 시기이기 때문에 학년별로 교육과정이 다르게 적용됩니다. 따라서 이에 맞는 자료를 준비해야 합니다. 또한, 면접 및 수업 실연에 필요한 예시 자료, 수업지도안 양식, 피드백 양식 등도 함께 준비하면 추후 시간을 절약하고 보다 체계적인 준비가 가능합니다.

최종 합격자 발표 이후

○ 서류 제출

최종 합격자 발표 이후에도 1차 시험과 마찬가지로 서류를 제출해야 하지만, 제출해야 할 서류의 종류가 더 많아집니다. 혼동을 줄이기 위해 공통 제출 서류와 개별 제출 서류로 나누어 정리해 두었습니다. 어떤 서류가 필요한지 미리 확인하고, 빠짐없이 준비할 수 있도록 꼼꼼히 챙기시길 바랍니다.

공통	· 가족관계 증명서 · 주민등록 초본 · 기본증명서 · 성범죄 및 범죄 전력 조회 동의서 · 행정정보 공동이용 사전 동의서 · 임용참고 자료 · 나이스 인사기록 기재사항 · 공무원채용 신체검사서 · 선서문 · 각서 · 개인정보 수집 동의서 · 마약 검사 결과 통보서 · 교원자격증 사본 · 대학 졸업 예정 및 성적증명서
개별	· 호봉 획정을 위한 경력 기간 합산 신청서 및 경력증명서 · 대학원 학위기 사본 및 대학원 성적증명서 · 대학원 학위 취득자 호봉 획정 참고 자료 · 병적증명서 · 기간제교사 임용 신청서 · 임용후보자 등록포기원 · 임용유예 승인 신청원

○ 신규 교사 연수

최종 합격자 발표 이후 1~2주 후부터 신규 교사 연수가 시행됩니다. 보통 3~5일 정도 진행됩니다. 공통 연수와 과목별 연수로 구별되며 학교 적응을 돕기 위한 다양한 연수가 준비되어 있습니다.

○ **인사 발령 및 연락**

신규 교사 연수 기간 근처로 인사 발령이 나옵니다. 중학교의 경우 해당 교육지원청이, 고등학교의 경우 구체적인 학교 이름이 기재됩니다. 발령을 받으면 해당 학교로 연락해, 언제 학교를 방문해야 하는지 알아야 합니다. 중학교의 경우 구체적인 학교명이 나오기까지 시간이 조금 더 걸립니다.

○ **발령교 연수**

새 학기가 시작되기 전 발령받은 학교에서 '새 학년 준비 기간'과 같은 이름으로 교내 자체 연수를 진행합니다. 여기에서 업무 분장과 간단한 인사를 나누게 됩니다.

○ **새 학기 준비 및 출근**

앞선 과정이 모두 끝나면 개학까지 1~2주 정도 시간이 남습니다. 이 기간에는 푹 쉬면서 새 학기를 준비하기 바랍니다. 그리고 마침내 꿈에 그리던 학교로의 첫 출근을 하게 됩니다.

모두, 학교에 출근하는 그 순간을 응원합니다.

훌륭한 가르침은 1/4이 준비과정, 3/4은 현장에서 이루어진다.
_ 게일 고드윈

에피소드 Ⅱ

"카공에 빠져 버렸다…☆"

나는 조용한 곳에서 공부를 잘 못 하는 조금은 특이한 습관이 있다. 왜 그런지는 나도 잘 모르겠다. 다만 확실한 건, 정적이 흐르는 독서실이나 도서관에 앉아 있으면 오히려 마음이 불편해졌다는 것이다. 숨소리마저 들릴 듯한 그 정적 속에서 집중이 되기는커녕, 오히려 생각이 산만해졌다. 나에게는 적당한 소음과 필요할 때는 조용히 말을 건넬 수 있는 공간이 더 잘 맞았다.

첫 시험을 준비하던 시절, 나는 아직 대학생이었다. 그래서 자연스럽게 강의실에서 공부를 많이 했다. 익숙한 공간, 가까운 사물함, 늘 다니던 동선이 편안했다. 긴 하루를 버텨내야 하는 시험 공부의 터전으로는 더할 나위 없이 좋았다. 하지만 재수생이 되자 상황이 달라졌다. 이제는 강의실을 자유롭게 쓸 수 없었고, 마땅한 공부 공간이 없었다. 독서실과 도서관은 여전히 나와 맞지 않았고, 집은 조금만 방심하면 게을러지기 일쑤였다. 그러던 중, 우연히 찾게 된 곳이 바로 '카페'였다. 시끄러운 공간에서 과연 공부가 잘될까 반신반의했지만, 신기하게도 적당한 음악, 잔잔한 대화 소리, 커피 머신의 소음조차 나를 안정시켰다. 그 소란함이 이상하게도 나에겐 배경음악처럼 느껴졌다. 그때부터 나는 본격적인 '카공족'이 되었다.

 카페 문을 열고 들어가 아메리카노 한 잔을 시켜 자리에 앉는다. 진동벨이 울리면 커피를 받아와 책과 필기구를 하나씩 꺼낸다. 커피 한 모금, 문제 한 줄. 그렇게 천천히, 꾸준히 하루를 채워갔다.

 평범한 날에는 익숙한 아메리카노, 너무 피곤한 날엔 진한 쓰리 샷 아메리카노, 마음이 축축 처지는 날엔 달콤한 카페모카, 비 오는 날엔 따뜻한 라떼 한 잔. 커피 한 잔은 위로였고, 자그마한 보상이었으며, 다시 나를 다잡는 시간이었다.

 지금도 나는 여전히 카페를 좋아한다. 공부는 끝났지만, 그 시절의 감정과 경험은 여전히 내 안에 고스란히 남아 있다. 무언가에 진심이었던 시절, 한 잔의 커피와 책 한 권으로 하루를 버텨냈던 그 시간은 나를 지금 이 자리에 있게 해준 고마운 기억이다.

 아마 이 기억은 앞으로도 오랫동안 내 마음속에 머물 것 같다…☆

3장

무너지지 않는, 공부 계획

18

공부의 시작은 '정보 수집'

임용고시 합격을 위해 가장 필요한 것은 무엇일까요? 인터넷 강의, 모의고사, 문제 풀이, 스터디, 단권화 노트, 기출문제 등 다양한 답이 있겠지만, 이 중 한 가지를 딱 고르기는 어렵습니다. 하지만 누군가 임용 합격을 위해서 가장 '먼저' 해야 할 것을 물어본다면 저는 주저 없이 정보 수집을 이야기할 것입니다.

좋은 엔진을 가지고 있는 차도, 올바른 방향으로 달려야 목적지에 일찍 도착할 수 있습니다. 고속도로가 있는데, 굳이 시골길을 달릴 필요는 없잖아요? 임용고시도 마찬가지입니다. 합격을 위해서라면 올바른 방향 설정이 중요합니다. 방향을 잘못 잡으면, 우리는 시골길을 헤매며 목적지를 빙 둘러갈지도 모릅니다. 시험에 대한 정보는 우리를 목적지까지 빠르게 안내해 줄 것입니다. 그렇다면 '어디에서', '어떤 정보를', '어떻게' 얻어야 하는지 살펴봅시다.

임용 커뮤니티

임용 커뮤니티란 임용고시에 대한 다양한 정보가 오가는 장소입니다. 전공 내용뿐 아니라 Q&A, 합격생들이 직접 작성한 합격 수기, 인터넷 강의 정보 등 임용고시와 관련된 전반적인 정보를 쉽게 얻을 수 있습니다. 틈틈이 들어가 보면 많은 도움이 됩니다. 주로 다음과 네이버 카페에 과목별 커뮤니티가 형성되어 있습니다. 만약 내 과목의 커뮤니티가 존재하지 않는다면 전 과목을 수용하고 있는 '한마음 교사 되기' 다음 카페를 이용하기 바랍니다.

> **TIP** 요즘에는 다음, 네이버 카페 말고도 오픈카톡방을 통해 정보를 공유하는 경우도 많습니다. 내가 관심 있는 주제의 오픈카톡방이 개설되어 있는지 찾아보기 바랍니다.

합격 수기

시험 준비를 위해 가장 최신의 현실적인 정보를 얻을 수 있는 곳은 합격 수기입니다. 합격 수기는 합격자가 자신이 공부해 온 내용에 대해서 수기 형태로 적은 글입니다. 대부분 커뮤니티에 선생님들이 자발적으로 합격 수기를 올려주고 계시기 때문에 우리는 해당 글을 읽기만 하면 됩니다. 합격 수기는 같은 길을 준비하는 사람들의 경험이 담겨 있습니다. 글을 통해 합격자들이 오랜 시간 동안 해 온 고민과 다양한 노하우를 간접 경험할 수 있습니다. 우리는 가만히 앉아 뉴턴의 명언처럼 '거인들의 어깨 위에' 올라설 수 있는 것이죠. 때로는 좋은 동기 부여가 되기도 하고요.

> **TIP** 합격 수기를 모두 출력해 공부가 안될 때 조금씩 읽는다면, 큰 힘이 됩니다. 합격 수기를 볼 때는 다음과 같은 내용을 중점적으로 살펴봅시다. 전공 책은 주로 무엇을 보는지 / 전공별 출제 범위 / 어떤 인강을 주로 보는지 / 공부 노하우 / 공부 습관 / 마음가짐 등

기타

교육과정, 임용고시 기출문제 등은 한국 교육과정 평가원 홈페이지에서 확인할 수 있습니다. 임용고시 시행 날짜, 티오, 경쟁률, 사립 임용 정보 등은 각 교육청 사이트에 공지되며 임용고시를 주제로 한 책이나 유튜브를 참고할 수도 있습니다.

> 내가 멀리 볼 수 있었던 것은
> 거인들의 어깨 위에 올라서 있었기 때문이다.
> _ 아이작 뉴턴

19

1년 공부 계획 세우기

임용고시는 준비 기간이 길고, 공부해야 하는 과목과 양이 많습니다. 주먹구구식으로 준비하다 보면, 중요한 내용을 놓치거나 특정 과목에만 치우쳐 공부하기 쉽습니다. 이런 어려움 해결을 위해 필요한 것이 '공부 계획 세우기'입니다. 계획을 세우면 공부 편식을 줄일 수 있으며, 내가 얼마나 공부했는지를 객관적으로 확인할 수 있습니다. 임용고시의 경우 일반적으로 1년 단위의 장기 계획을 세웁니다. 그렇다면 효율적인 공부 계획을 어떻게 세우면 좋을지 함께 살펴보겠습니다.

1년 공부 계획

1~6월	7~8월	9~11월
· 정보 수집 · 기본서 1회독하기 · 기출문제 정리하기 · 교육학 인강 듣기 · 교과교육론 인강 듣기	· 문제 풀이 · 교육과정	· 모의고사

일반적인 임용고시 1년 공부 계획은 위와 같습니다. 1~6월까지는 전공 내용을 중심으로 공부하며, 7, 8월에는 문제 풀이를, 9~11월은 모의고사를 중심으로 공부합니다.

내림차순 공부 계획

공부 계획을 세울 때 오늘 해야 할 일부터 세우는 경우가 있지만, 자칫 공부 방향을 잃기 쉽습니다. 효과적인 공부 계획을 세우기 위해서는 내림차순 공부 계획을 세우는 것이 좋습니다. 내림차순 공부 계획이란 큰 단위에서 작은 단위로 차근차근 계획을 세우는 방식입니다. '분기별 → 월별 → 주별 → 일별' 순으로 공부 계획을 세워나갑니다. 이러한 방식으로 공부 계획을 세운다면 공부해야 할 내용의 우선순위를 명확히 할 수 있습니다.

지킬 수 있는 공부 계획

공부하면서 자주 하는 실수 중 하나는 지키기 어려운 공부 계획을 세운다는 것입니다. '매일 10시간 이상', '최대한 많이 쉴 틈 없이!'와 같이 말이죠. 겉으로는 완벽한 공부 계획처럼 보이지만 오래 유지되기 어렵습니다. 하루, 이틀은 가능할지 모르지만 금세 지쳐버립니다. 공부는 많이 하는 것도 중요하지만 오랫동안 지속할 수 있는 것이 더욱 중요합니다. 내가 지킬 수 있는 공부 계획을 세워 실천해 봅시다. 처음부터 무리하지 않아도 좋습니다.

계획보다 중요한 것은 유연함

공부를 시작할 때 사람들은 매일 어떤 내용을 공부할지, 얼마나 공부할지를 정확히 정해둡니다. 매일 공부할 분량을 정확히 쪼개어 분량, 페이지까지 기록하는 치밀한 계획을 세우기도 합니다. 하지만 아이러니하게도 이러한 방향은 계획대로 공부해야 한다는 부담감, 계획에서 어긋났을 때 생기는 스트레스로 인해 오히려 공부를 방해하기도 합니다.

제가 고안한 방법은 '구체적인 공부 계획 짜지 않기'였습니다. 분기별이나 월별로는 큰 틀을 잡되, 주간이나 일간 계획은 유동적으로 조정할 수 있도록 했습니다. 주간 공부 계획이 대략 정해지면, 매일 아침 그날의 컨디션과 상황에 따라 공부 계획을 조정합니다. 이렇게 하면 계획이 어긋났을 때 부담이 줄어들고, 공부를 지속하는 데 도움이 됩니다.

무의미한 반복이 많지는 않은지 점검하기

선생님들의 공부 계획을 보면 '기본서 N회독', 'N번 반복'과 같은 표현을 자주 보게 됩니다. 반복하는 것이 나쁜 것은 아니지만, 단순히 회독 수만 많아지고 의미 없는 반복이 늘어나고 있는 것은 아닌지 점검이 필요합니다. 반복 중심의 공부는 들인 시간에 비해 개념의 깊이를 더하지 못하고, 겉핥기식 공부로 끝날지도 모릅니다. 이런 식의 반복은 결국 아는 것은 계속 알고, 모르는 것은 계속 모른 채로 남게 되는 악순환의 구조에 빠지기 쉽습니다. 반복해서 학습할 때는 이미 알고 있는 내용보다는 부족했던 부분에 더 집중하고, 새롭게 알게 된 내용은 그때그때 정리해 두는 습관이 필요합니다. 그래야 의미 없는 반복을 줄이고, 공부의 효율을 높일 수 있습니다.

여백이 있는 공부 계획

공부 계획은 한 번 세우고 끝내기보다, 상황에 따라 유연하게 조정할 수 있어야 합니다. 이때 계획 속 '여백'을 확보하는 것이 큰 도움이 됩니다. 공부가 예상보다 길어져 계획한 분량을 다 끝내지 못했을 때, 여백을 통해 이를 보완할 수 있습니다. 반대로 시간이 남는다면 추가 학습이나 복습을 할 수도 있습니다. 이처럼 여백이 있는 공부 계획은 부담을 줄여줄 뿐 아니라, 예기치 못한 상황에도 유동적으로 대응할 수 있는 여지를 만들어줍니다.

> 나의 경쟁자는 오로지 미래의 나 자신뿐.
> _ 미켈란젤로

20

첫 시험은 계획부터 달라야 한다

시험을 처음 준비하는 선생님이라면 공부 계획을 세울 때부터 달라야 합니다. 이미 대학을 졸업한 선생님들과는 달리 학부 수업, 교생 실습 등 고려해야 할 것들이 많기 때문입니다. 따라서 첫 시험을 준비하는 분들에겐 그에 맞는 '맞춤형 공부 계획'이 필요합니다.

어떻게 계획을 짜야 할까?

일반적인 공부 계획은 '2~6월', '7, 8월', '9, 10월', '11월'을 기준으로 계획을 세웁니다. 하지만 대학을 다니고 있는 초수생이라면 '12월 말~2월', '3월~교생 전', '교생 기간', '교생 후~6월 혹은 7월 중순'으로 기준을 나눠서 생각하는 것을 추천합니다.(그 이후의 계획은 거의 같아 생략했습니다.)

3학년 2학기 기말고사가 끝나는 시점부터는 임용고시생의 마음가짐이 필요합니다. 물론 빠를수록 좋습니다. 특히 12월은 본격적인 공부를 시작하지는 않더라도 시험과 관련된 정보를 수집하고, 공부 방향과 계획을 세울 필요가 있습니다.

 4학년 3월부터는 학부 수업이 시작됩니다. 특히, 교생 실습이 4학년 1학기에 진행되기 때문에 수업을 그 전에 몰아서 진행하는 경우가 많습니다. 수업이 많은 것은 시험을 앞둔 입장에서 신경이 쓰일 수 있습니다. 하지만 학부 수업에 스트레스를 받기보다, 오히려 이것을 활용해 공부 계획 일부로 활용한다면 효과적인 공부 방향이 될 수 있습니다. 예를 들어, 수업 내용과 관련된 기출문제 풀이를 병행하거나, 수업 복습을 중심으로 한 스터디를 운영하는 것도 좋습니다.

 교생 실습은 4~5월에 나가게 됩니다. 초수생에게는 가장 위험한 시기가 이때이기도 합니다. 신경 써야 할 일도 많고, 체력적으로 지치기 쉽습니다. 그 결과 공부 리듬이 깨져 교생 실습 기간이 끝나도 공부에 집중하지 못하는 모습을 보이는 경우가 많습니다. 따라서 교생 실습 기간을 위한 적절한 전략이 필요합니다. 자세한 공부 방향은 「21. 교생 시기는 어떻게 보내야 할까?」에서 다루도록 하겠습니다.

 교생 실습이 끝난 뒤에는, 부족했던 공부를 마무리하며 7월 문제 풀이 강의가 나오는 시기까지 보냅니다. 문제 풀이 강의는 7월 첫째 주부터 나오기 때문에 강의 시기를 맞춰 계획을 짜는 것이 일반적입니다. 하지만 초수생의 경우 이 시점에 맞춰 공부를 마무리하기 어려울 수 있습니다. 무리하게 7월 첫 번째 주까지 계획을 마무리하기보다 '7월 둘째 주', '7월 셋째 주', '8월 전'으로 마감 기한을 뒤로 미루는 것을 추천합니다. 조금 느려 보이더라도 확실하게 공부하고 넘어가는 것이 더욱 중요하다는 사실을 잊지 않으면 좋겠습니다.

> 들은 것은 잊어버리고, 본 것은 기억하고
> 직접 해본 것은 이해한다.
> – 공자

21

교생 시기는 어떻게 보내야 할까?

사범대 4년 동안 가장 기억에 남는 순간을 꼽으라면 단연코 '교생 실습'이 아닐까 싶습니다. 교생 실습 기간은 학교 현장에 본격적으로 투입되기 전, 학교에 대해 미리 배우는 실습 활동입니다. 잠시 교사가 되어 학교를 느껴볼 수 있는 소중한 시기이기도 하죠. 특히 학생들과 보내는 많은 추억은 교사라는 꿈을 다지는 데 큰 힘이 되기도 합니다. 하지만 슬프게도 시험을 준비하는 입장에서 교생 실습 기간은 가장 주의를 기울여야 하는 기간입니다. 불편한 복장에 긴장된 상태로 하루를 보내다 보면, 퇴근 후 저녁만 겨우 먹고 곯아떨어지는 날도 많습니다. 해야 하는 일도 적지 않습니다. 매일 교생 실습 일지를 작성해야 하며, 수업 준비와 생활 지도, 학생 상담, 담당 선생님의 개별 과제까지 하다 보면 어느새 시간이 훌쩍 지나갑니다.

긴장의 끈을 살짝 놓는 순간 지금까지 유지해 온 공부 리듬이 한 번에 무너질 수 있습니다. 임용고시를 준비하면서 한 달이라는 기간은 결코 적은 시간이 아닙니다. 이후 공부에 큰 영향을 줄 수도 있기에 실습 기간을 현명하게 보낼 필요가 있습니다. 많은 양의 공부를 계획하기보다는, 적은 양의 공부라도 확실히 공부할 수 있는 방향이 필요합니다.

인터넷 강의

집중력이 떨어지기 쉬운 시기인 만큼 상대적으로 적은 집중력을 필요로 하는 인터넷 강의가 효과적인 선택이 될 수 있습니다. 밀린 강의를 소화하거나, 교육학, 교과교육론, 전공 인터넷 강의를 듣는 시간으로 활용해 보기 바랍니다. 또한, 학교에 따라 실습실을 별도로 운영하여 특별한 일이 없을 때는 시간을 자유롭게 사용할 수도 있으니 참고 바랍니다.

서브 과목 공부하기

마음만 먹는다면 실습 기간 동안 메인 전공 1, 2개 정도는 충분히 볼 수 있는 시간입니다. 하지만 문제는 효율성입니다. 매일 피곤함에 지쳐 있다 보니 평일이든, 주말이든 공부하기가 쉽지 않습니다. 이럴 때는 메인 전공 과목보다는 난이도가 비교적 낮은 서브 과목 공부를 추천합니다. 1, 2과목 정도를 정해 '이번 실습 기간에 이 과목만 끝낸다!'라는 목표를 세우는 것도 좋은 전략입니다. 서브 과목은 내용이 메인 전공에 비해서 적은 편이고, 문제 난이도가 낮은 편이기 때문에 교생 실습 기간 부담 없이 공부를 이어가기에 적합합니다.

교육과정 공부

교육과정은 임용고시에서 매년 필수적으로 출제되는 요소입니다. 하지만, 암기할 내용이 많아 시험 직전에 공부하기에는 부담이 있습니다. 하지만, 다른 전공에 비해 비중이 작다 보니 우선순위에서 밀리는 경우가 많습니다. 이때, 교생 실습 기간을 활용해 교육과정을 암기해 보는 것을 추천합니다. 암기 카드를 만들어 틈틈이 보거나, 백지 쓰기를 활용하는 것도 좋습니다.

주말 활용하기

실습 기간 온전히 공부에 집중할 수 있는 시간은 사실상 주말뿐입니다. 5월에 교생 실습을 나가면 공휴일과 학교 행사가 많아 좀 더 시간을 확보할 수도 있지만, 이 역시 매우 제한적입니다. 따라서 주말을 적극적으로 활용하는 공부 전략이 필요합니다. 예를 들어, 주말에만 진행하는 스터디를 계획하거나, 평일에 부족했던 공부를 보충하는 시간으로 활용하기 바랍니다.

교생 실습 기간은 선생님들에게 정말 소중한 추억이 될 겁니다. 임용 공부에 관해서 이야기하기는 했지만, 처음으로 교사가 되는 자리라 생각하고 학생들과 많은 교감을 나누면 좋겠습니다. 당황스러운 순간도, 어렵고 힘든 순간도 있겠지만 많은 보람을 느낄 수 있을 겁니다. 즐거운 교생 실습이 되길 바랍니다.

> **TIP** 교생 실습을 함께 받는 선생님들과 스터디를 진행하는 것도 좋은 방법입니다. 타교과 선생님과는 교육학을 주제로 할 수 있고, 동교과 선생님과는 전공 혹은 교육과정을 주제로 진행할 수 있습니다.

교육은 일종의 계속되는 대화이고,
그 대화는 세상일이 보통 그렇듯 여러 가지 관점이 있음을 인정한다.
_ 로버트 허친스

22

시기별 공부 전략: 1월부터 시험까지

지금까지는 큰 틀에서 공부 계획과 주의해야 할 부분에 대해서 살펴보았습니다. 여기에서는 시기별로 어떤 부분에 중점을 두어야 하고, 어떻게 공부 상황을 점검해야 하는지에 대해 알아보겠습니다.

~2월

임용고시 준비를 시작하는 시점을 보면 초수생들은 12월 말이나 1월부터, 이외에는 2월부터 공부를 시작하는 경우가 많습니다. 이때는 너무 무리하지 않는 게 좋습니다. 처음부터 무리하면 금방 지쳐버리고 꾸준히 공부하기 어렵습니다. 전공 공부는 워밍업 하듯 가볍게 시작하고 시험을 위한 정보 수집이나 공부 계획을 고민해 보는 것이 필요한 시간입니다. 나에게 맞는 공부 방법이나 공부 습관을 찾는 시간으로 활용하길 바랍니다.

> **TIP** 2월은 공부 자체보다는 마음을 단단하게 만드는 시기라고 생각합니다. 초수라면 시험에 대한 강한 열망이나 의지를 키우고, 초수가 아니라면 마음을 차분히 다잡는 시기로 보내길 바랍니다.

3~6월

6월까지의 공부 목표는 확장입니다. 공부 내용의 절대적인 양을 늘려가는 시기입니다. 기본서나, 인터넷 강의, 단권화 노트, 기출문제 등 다양한 방법을 통해서 공부 영역을 확장해 나갑니다. 한 가지 주의해야 할 점은 문제 풀이에만 몰두하지 않는 것입니다. 문제를 많이 푸는 것도 물론 중요하지만, 그 과정에서 개념을 깊이 있게 이해하지 못하면 학습의 밀도가 떨어질 수 있습니다. 문제의 양보다는 개념의 깊이에 집중하기 바랍니다.

7~8월

7, 8월부터는 공부할 내용의 범위를 늘리기보다는 서서히 내용을 다듬어 나가는 시간입니다. 7, 8월 문제 풀이를 하다 보면 자연스레 내게 부족한 개념이나 과목, 문제 유형 등을 파악할 수 있습니다. 문제 풀이의 양을 늘리기 시작하는 것은 필요하지만 문제만 많이 푸는 것은 좋은 방법은 아닙니다. 새롭게 알게 되는 내용을 틈틈이 정리하며, 부족한 것들에 대한 점검과 보완의 시기로 생각하기 바랍니다. 기본서 또한 놓치지 않는 것이 중요합니다.

9~10월

9월부터는 모의고사를 시작하게 됩니다. 하지만 마무리하지 못한 7, 8월 공부 계획이 있다면 확실히 마무리하는 것으로 9월 공부를 시작하기 바랍니다. 조급한 마음에 공부 계획을 성급히 마무리하는 것은 좋은 방향이 아닙니다. 상황에 따라 모의고사와 7, 8월 공부 계획을 병행할 수도 있습니다. 모의고사는 시험에 대한 실전 감각을 키우기 위해서라도 필수입니다. 또한, 문제 풀이를 통해 나의 부족한 점을 지속적으로 점검하는 과정이 병행되어야 합니다.

> **TIP** 자신이 공부한 결과를 수치화해 직접 확인할 수 있다면 학습에 대한 동기 부여가 됩니다. 예를 들어 공부한 내용에 대한 체크리스트를 만들어 하나씩 표시해 나갈 수 있습니다. 작은 항목이라도 표시해 나갈수록 성취감이 쌓이며 공부에 대한 집중력을 높일 수 있습니다.

9~10월은 시험이 가까워지는 만큼 조급해지기 쉽고, 불안한 마음이 커지게 됩니다. 이럴 때일수록 마음을 다잡고, 나에게 필요한 것이 무엇인지 살펴보는 것이 중요합니다. 아래 내용을 바탕으로 내가 지금 어디에 있으며, 무엇을 보완해야 할지를 확인해 보기 바랍니다.

○ **현재 나의 상태를 점검하자**

이 시기에 많이 겪는 고민 중 하나는 '자신감 부족'입니다. "언제 자신감이 생기나요?", "제 실력이 어느 정도인지 모르겠어요."와 같은 고민은 시험까지 따라다닙니다. 임용고시는 상대평가이기 때문에 이러한 고민은 더욱 커집니다. 이럴 때 가장 필요한 건 나의 상태를 점검하는 것입니다. 물론 모의고사 점수로 나의 상태를 판단하자는 것은 아닙니다. 점수보다 더 중요한 것은 내가 무엇이 부족한지를 파악하는 것입니다. 여기에서 부족함은 전공과목일 수도 있고, 문제 유형, 공부 습관 등이 될 수도 있습니다. 이러한 요소들이 나의 현재 상태를 점검하는 지표가 되어야 합니다. 시험장에서의 자신감은 결국, 내가 부족하다고 느꼈던 것들을 얼마나 줄이느냐의 결과입니다. 시험까지 하나씩 착실히 보완해 나간다면 자신감은 자연스레 따라오게 되어있습니다.

○ 모르는 것을 모두 가지고 가려고 하지 말자

8월까지 열심히 공부했어도 모의고사에는 언제나 '모르는 문제', '안 풀리는 문제'가 나오기 마련입니다. 풀리지 않는 문제가 나오면 보통 오답 정리를 합니다. 하지만 모르는 문제가 나온다고 해서 모든 문제를 다 정리하고, 완벽하게 이해하려고 하지 않아도 됩니다. 모의고사는 시험에 가까워질수록 생소하거나 지엽적인 것들이 출제되기 시작하니까요. 이런 문제들은 풀이 정도만 확인하고 넘어가도 됩니다. 마음이 불안하고 조급할 수 있지만 모두 가지고 가려고 한다면 오히려 기존에 알고 있는 것마저 흔들리게 될 수 있습니다. 모르는 것을 모두 가지고 갈 필요 없습니다. 적당히 버리는 것도 기술입니다.

○ **지금부터는 정신력 싸움**

이 시기는 육체적으로도 힘들지만, 정신적으로는 더 큰 어려움이 따를 수 있는 시기입니다. 자칫 마음을 놓아버리면 다시 회복하기가 쉽지 않기 때문에 마음을 잘 다잡으며 나아가는 것이 중요합니다. 이때 도움이 되는 방법의 하나는 '감정을 객관적으로 바라보는 것'입니다. 감정의 소용돌이에 빠지기보다는 내가 어떤 감정을 느끼고 있는지를 한 발 떨어져 들여다보는 연습이 필요합니다. 사람들과의 대화도 큰 도움이 됩니다. 함께 공부하는 동료, 합격한 친구들, 가족 등과 소통하며 감정을 나누고 정리해 보세요. 나 자신을 객관적으로 바라보는 데 큰 힘이 되어 줄 것입니다.

○ **기본으로 돌아가기**

공부를 오래 할수록 많이 하는 실수가 기본적인 것은 잘 안다고 생각해 시험에 나올 것 같은 어려운 문제들만 골라서 푸는 것입니다. 다양한 형태의 문제를 대비하기 위함이겠지만, 이런 공부 방식이 반복되면 오히려 시험에 자주 출제되는 기본적인 문제를 소홀히 하게 될 수 있습니다. 이미 익숙한 문제나 개념이더라도, 시험 직전에는 반드시 다시 한번 점검해야 합니다. 기출문제를 가볍게 다시 풀어보는 것이 좋은 방법이 될 수 있습니다.

11월

시험이 약 한 달 남은 시점에서는 긴장감과 불안감이 커지면서 집중력이 흐트러지기 쉽습니다. 이때는 공부하는 시간은 늘어나지만, 생각보다 멍하게 보내는 시간이 많아지기도 합니다. 시험이라는 중압감 때문에 마음은 복잡하고, 생각은 많아지니까요. 이 시기를 어떻게 보내느냐에 따라 시험장에서 내가 공부한 것을 얼마나 잘 발휘할 수 있을지가 결정됩니다. 불안한 마음에 휘둘리기보다는, 지금 할 수 있는 것에 집중하며 최선을 다하기 바랍니다.

○ **공부량은 늘리고, 공부 내용은 줄이고**

시험이 가까워지면 공부량은 늘어납니다. 해야 할 것도 많고, 마음이 불안한 만큼 공부도 열심히 하게 됩니다. 단, 이때부터는 공부 범위를 늘리지 않도록 주의해야 합니다. 이 시기까지 공부한 내용으로도 시험을 보기에 무리가 없을 정도로 충분합니다. 양을 늘리는 것보다는 알고 있는 개념을 최대한 단단하게 만드는 것에 집중합시다.

○ **모의고사**

적어도 일주일에 한 번은 실제 시험처럼 시간을 정해 모의고사를 풀어 보는 것을 추천합니다. 시험이라는 상황이 모의고사와 비슷해질수록, 실제 시험장에서의 긴장감은 줄어들고 안정감은 높아집니다. 모의고사를 풀 때는 문제 내용뿐 아니라 '문제 푸는 순서', '시간 배분', '답안 옮기기', '답안 작성' 등과 같이 실제 상황을 고려한 전략을 함께 연습하는 것이 필요합니다. 모의고사를 많이 푸는 것도 좋지만, 컨디션 조절도 중요하기 때문에 선생님들의 상황에 맞게 횟수와 강도를 조절하기 바랍니다.

○ **구멍 메꾸기**

구멍 메꾸기에서 구멍이란 '자주 실수하는 부분', '이해가 부족한 개념', '어려워하는 유형' 등을 의미합니다. 이러한 구멍을 메우는 과정은 시험을 준비하는 마지막 단계에서 매우 중요한 역할을 합니다. 따라서 남은 기간 가장 중요한 일은 나에게 남아 있는 구멍을 하나하나 찾아내고 철저히 메꾸는 것입니다. 이 과정을 반복하면, 완벽하지는 않더라도 시험장에서 당황하지 않고 침착하게 문제를 해결할 수 있는 기반이 마련됩니다.

○ **컨디션 조절**

시험이 코앞인 시점에서 몸이 아프거나 컨디션이 좋지 않으면 시험 전체에 큰 영향을 줄 수 있습니다. 건강뿐 아니라 컨디션 조절에 더욱 유의해야 합니다. 운동할 시간이 부족하다면 영양제를 챙겨 먹는 것도 하나의 방법이 될 수 있습니다. 가장 신경 써야 하는 것은 역시 '수면'입니다. 시험 당일은 아침 일찍 일어나 시험장에 도착해야 합니다. 평소에는 늦게 자고 늦게 일어나는 생활을 하다가 시험 당일에 갑자기 일찍 일어나려고 하면 쉽지 않습니다. 지금부터 수면 습관을 조금씩 바꿔나가며, 시험 당일 최상의 컨디션을 만들어 봅시다.

> 교육은 우리 자신의 무지를 점차 발견해 가는 과정이다.
> _ 윌 듀란트

23

학부생 때는 어떻게 준비해야 할까?

　많은 선생님이 4학년이 되기 전까지 임용고시에 대한 정보가 거의 없는 경우가 많습니다. 시험 방식이나 평가 기준뿐 아니라 어떤 책을 봐야 할지, 어떻게 공부해야 할지조차 모르는 경우도 많습니다. 사실, 제가 이 책을 쓰게 된 계기이기도 합니다. 이런 상황 속에서 뒤늦게 후회하거나, 아쉬움을 토로하는 선생님들을 쉽게 목격할 수 있습니다. 저를 포함해서요. 학부생 시절을 어떻게 보내는지는 정말 중요합니다. 이 시기를 잘 보냈다고 해서 한 번에 합격한다고 단언할 수는 없지만, 합격까지의 시간을 줄여주는 것은 확실합니다.

1학년 때는 무엇을?

　1학년 때는 공부도 중요하지만, 교사라는 직업에 대해 생각해 보는 시간으로 삼기 바랍니다. 교사가 되고 싶다고 막연히 생각했지만, 내가 정말 하고 싶은 일인지, 교사라는 직업에 대해 얼마나 제대로 이해하고 있는지 등을 고민해 보는 것이 필요합니다. 학원이나 과외, 교육 봉사 등을 통해 간접적으로 교직을 경험해 보는 것도 큰 도움이 됩니다. 교직과 관련된 책이나 다큐멘터리를 통해 현실적인 시각에서 교사라는 직업을 바라보는 시간을 가지는 것도 좋습니다. 이 시기를 의미 있게 보내면 앞으로의 방향을 단단하게 만들어 주는 데 큰 양분이 될 것입니다.

공부 습관 만들기

좋은 공부 습관이 좋은 결과를 만든다고 생각합니다. 대학교에서 하는 공부는 고등학교에서의 공부 방식과는 차이가 있습니다. 기존의 습관만으로는 공부를 해나가기 어렵습니다. 따라서, 좋은 공부 습관을 일찍부터 만들어가는 것이 필요합니다. 공부 습관 중에서 학부생들에게 도움이 될 만한 것들을 준비했습니다.

○ 예습보다는 복습을

대학교 전공 수업은 난이도가 상당히 높습니다. 누군가의 도움 없이 내용을 이해한다는 것이 쉽지 않습니다. 그래서 예습을 그다지 추천하지 않습니다. 대신, 복습은 반드시 해야 합니다. 대학 수업은 한 번 듣고 내용이 바로 이해되지 않는 경우도 많으므로 복습을 통해 내용을 정리하고 고민하는 과정이 필요합니다. 혼자 복습하는 것이 어렵다면 주변의 도움을 받는 것도 좋은 방법입니다. 교수님께 질문하거나, 친구나 선배들과 함께 스터디를 통해 복습한다면 더욱 효과적인 학습이 가능합니다.

○ 한 문제를 풀더라도 확실히

시험을 준비하다 보면 정말 많은 문제를 접하게 됩니다. 그런데 주로 문제를 푸는 것에만 관심을 두고, 그 이후 피드백 과정에는 크게 관심을 두지 않습니다. 문제를 푼 뒤에는 단순히 답을 확인하는 것에서 나아가 피드백이 함께 이루어져야 합니다. 무조건 문제를 많이 푼다고 해서 실력이 오르는 것은 아닙니다. 한 문제를 풀더라도, 내용을 정확히 이해하고 정리하는 시간이 필요합니다.

기출문제는 일찍 시작할수록 좋다

기출문제는 시험에 대한 방향성과 다양한 정보를 얻을 수 있는 좋은 도구입니다. 단원을 마무리하거나, 책이 한 권 끝났을 때 기출문제를 이용하여 복습한다면 큰 효과를 볼 수 있습니다. 다 풀기에 양이 너무 많다면 모든 문제를 풀지 말고 최근 10~15년 정도만 추려서 문제를 푸는 것도 좋습니다.

현명하게 인강 듣기

임용고시는 시험 난이도는 점점 어려워지고, 출제되는 범위는 조금씩 늘어나고 있습니다. 변화하는 시험에 대비하기 위해서 우리는 일부분 인강에 의존할 수밖에 없는 현실입니다. 교사를 뽑는 시험에서 사교육에 의존해야 한다는 것이 아이러니하지만, 어쩔 수 없는 선택이 되어 버렸습니다. 하지만 인강도 현명하게 접근할 필요가 있습니다. 인강은 보조수단입니다. 인강에만 의존하는 것은 좋은 공부 방향이 아닙니다. 순수하게 강의를 듣는 시간뿐만 아니라 내용을 정리하고 복습하는 시간까지 생각하면 많은 시간이 필요합니다. 경제적인 측면도 무시할 수 없고요. 충분한 고민 후 강의를 듣길 바랍니다. 그래도 만약 인강을 들어야 한다고 느낀다면, 나에게 정말 필요한 부분에 한해서 최소한으로 강의를 듣는 것을 추천합니다.

스터디

스터디는 임용고시생들에게 뗄 수 없는 부분입니다. 어려운 내용을 공부하기 위해서는 서로 협력하여 공부하는 것이 필수입니다. 따라서 학부생 때부터 스터디를 많이 경험해 보는 것이 중요합니다. 공부 내용을 주제로 하는 스터디뿐 아니라, 생활 스터디, 캠 스터디, 밴드 스터디 등 다양한 것들을 시도해 보기 바랍니다.

> 인생의 지혜는 계획과 실천을 적절히
> 조화시키는 일에 달려있다.
> _ 발타자르 그라시안

24

하루에 몇 시간 공부해야 할까?

　선생님들은 하루에 몇 시간 공부하시나요?
　벌써 뜨끔하는 선생님들도 있을 것이고, 당당히 몇 시간이라고 말하는 선생님들도 있을 것입니다. 상담하면서 많이 받는 질문 중 하나가 '하루에 공부를 몇 시간 하셨나요?', '하루에 공부를 몇 시간 해야 하나요?'입니다. 그런데 사실 모범 답안은 있습니다. '하루에 최대한 많이', '10시간 넘게 매일매일'이라는 무시무시한 계획을 세우면 그만입니다. 모범 답안이 있음에도 여전히 이런 질문을 받는 이유는 실제로 실천하기가 매우 어렵기 때문일 것입니다. 그렇다면 하루에 몇 시간 공부하는 것이 적당할까요?

　시험을 준비하면서 임용 커뮤니티에 올라와 있는 합격 수기를 많이 읽었습니다. 합격 수기 내용은 제각각이었지만 하루에 몇 시간 정도를 공부했고, 몇 시에 일어나서, 몇 시에 잠는지는 항상 언급되는 내용입니다. 합격 수기를 읽다 보니 합격한 선생님들을 크게 '미니멀리스트'와 '맥시멀리스트' 두 가지 유형으로 분류할 수 있었습니다.

미니멀리스트 유형은 공부를 조금만 하고도 합격했다는 선생님입니다. '일을 병행했고, 이것저것 하면서 공부할 시간이 부족했지만 합격했다.', 'ㅇㅇ일 공부하고 합격했어요.'와 같은 느낌의 합격 수기가 여기에 해당합니다. 반대로 맥시멀리스트 유형의 선생님들은 공부를 정말 많이 해서 합격했다는 선생님입니다. '하루에 매일 10시간 넘게 공부했고, 새벽 6시에 일어나 저녁 12시까지 공부했다', '시중에 나온 모든 모의고사를 풀었다'라고 하는 철인형 선생님들이 여기에 해당합니다. 하지만 실제로 시험을 준비하는 동안, 매일매일을 미니멀리스트와 맥시멀리스트로 살 수 있는 선생님은 거의 없습니다.

> "열심히 한다고 합격하는 것은 아니지만,
> 합격한 사람 중에 열심히 하지 않은 사람은 없다."

이 말 들어 본 적 있으신가요? 제가 굉장히 좋아하는 말입니다. 열심히 해야 합격할 수 있는 것은 사실입니다. 그렇지만 매일 10시간 이상 1년을 공부하기도 쉽지 않습니다. 공부 시간에 정답은 없습니다. 대신 일정한 공부량을 확보하고, 공부의 효율을 높이는 방향을 찾는 것이 중요합니다. 그렇기 때문에 너무 불안해하지도, 자만하지도 않았으면 좋겠습니다.

최소 공부 시간 정해두기

하루에 내가 최소 몇 시간을 공부할지 정하길 바랍니다. 최소 공부 시간은 하루에 적어도 이 정도 시간만큼은 공부하자는 뜻임과 동시에 일정한 공부량을 확보하는 용도입니다. 제가 정한 시간은 7시간이었습니다. 아침에 2시간, 오후에 2시간, 저녁에 3시간으로 계획을 짜다 보니 7시간이 되었습니다. 2월까지는 7시간까지는 하지 않았고 3월부터는 7시간 이상 꾸준히 하려고 노력했습니다. 공부 시간이 너무 적으면 공부량이 확보가 안 되고, 너무 많으면 지켜지기 어려우므로 7~9시간 정도가 적당하다고 봅니다. 일을 병행하는 경우라면 시간을 조금 더 줄여야 하며, 만약 학교를 졸업하지 않은 선생님이라면 학교에서 수업 듣는 시간이나 교생 실습 등을 고려해 정하기 바랍니다.

공부 효율 생각하기

우리는 하루에 몇 시간 공부해야 하는지는 관심이 많습니다. 스톱워치를 책상에 두고 공부를 하는 것은 이제 수험생들의 일상이 되었습니다. 하지만 시간이라는 숫자에 너무 집착하지 않았으면 합니다. 시간에만 치중하다 보면 의미 없이 책상에 앉아 있는 시간이 늘어나기 쉽습니다. 시간보다 중요한 것은 공부 효율입니다. 오늘 A라는 과목을 공부하기로 계획했지만, 도무지 집중되지 않는 날이 있습니다. 이때는, 계획을 유연하게 바꿔 B라는 과목을 공부할 수도 있습니다. A, B 모두 공부해야 할 내용이라면, 집중이 조금 더 잘 되는 과목을 선택하는 것이 효율적인 선택입니다. 비슷하게 공부하는 시간대를 조절하는 것도 효율을 높이는 방법입니다. 저녁에 집중이 잘된다면 늦게까지 공부하고, 다음 날 조금 늦게 시작하는 것입니다. 반대로 아침에 공부가 잘된다면 일찍 일어나 공부를 시작하면 됩니다. 공부 방법에 정해진 공식은 없습니다. 다른 사람의 방식이 꼭 나에게 맞는 것은 아니며, 진짜 중요한 것은 나에게 맞는 공부 방법을 찾는 것입니다.

휴식 시간 정하기

'2보 전진을 위한 1보 후퇴'라는 말을 들어 본 적이 있으신가요? 저는 이 말을, 잠시 멈추는 시간이 오히려 더 멀리 가도록 도움을 줄 수 있다는 의미로 이해하고 있습니다. 공부를 하다 보면 쉬는 것을 '후퇴'라고 생각하는 경우가 많습니다. 쉬는 동안에도 항상 마음이 불편하고, 주변 사람들의 공부하는 모습을 보면 마음이 불편해집니다. 하지만 저는 이 휴식이 우리를 앞으로 나아가게 해줄 것이라 확신합니다. 임용고시는 1년이라는 긴 시간을 버텨야 하는 싸움입니다. 공부를 할수록 정신적으로 소진될 수밖에 없으므로 페이스 조절은 필수입니다. 무작정 빨리 가야겠다는 생각에 매일매일 나를 몰아세우기보다는 잠시 쉬어 가길 바랍니다.

휴식이 어렵다면 얼마나 쉴지를 미리 정해두는 것도 좋은 방법입니다. 쉬는 시간을 명확히 정해두지 않으면 너무 오래 쉬거나, 쉬는 둥 마는 둥 해버릴 가능성이 큽니다. 저는 일주일에 하루 쉬는 것을 목표로 잡았습니다. 처음에는 6일 공부하고 하루를 휴식하는 방향을 계획했지만, 잘되지 않아 '3일 공부 + 반나절 휴식'으로 바꿨더니 생활 리듬에 딱 맞았습니다. 일주일에 하루치 쿠폰이 있다고 생각하면 되겠습니다. 물론, 반드시 하루라는 휴식 기간을 채울 필요는 없습니다. 하지만 2보 전진을 위해서 휴식은 필수라는 점을 잊지 마시고, 나만의 휴식 루틴을 만들기 바랍니다.

> **TIP** 이런 공부 전략들은 하루아침에 완성되지 않습니다. 처음부터 나에게 꼭 맞는 시간표를 짜는 사람은 없습니다. 중요한 것은 '나에게 맞는 공부 리듬'을 찾기 위해 계속 실험하고 조정하는 태도입니다. 어떤 날은 공부 시간이 너무 짧아 아쉬울 수 있고, 어떤 날은 너무 무리해 금세 지치기도 합니다. 그런 시행착오를 겪으며, 점점 나에게 맞는 리듬이 만들어지는 것입니다. 완벽하게 시작하려 하기보다는, 꾸준히 점검하고 조금씩 다듬어나가는 것이 중요합니다.

어떤 것을 완전히 알려거든
그것을 다른 이에게 가르쳐라.
_ 트라이언 에드워즈

25

다시 일어서기 위한 불합격 수기

합격 수기는 시험에 합격한 사람이 자신이 공부해 온 것들, 경험하고 느낀 것들을 수기 형태로 작성한 것입니다. 임용고시를 준비하는 선생님들이 많은 정보와 팁을 얻는 곳이기도 합니다. 저에게는 합격 수기를 쓰는 것 자체가 하나의 목표였기 때문에 합격한 뒤에 가장 먼저 한 것이 합격 수기 작성이기도 했습니다. 그런데 여기에서는 조금 다른 이야기를 해볼까 합니다. 바로 '불합격 수기'입니다.

불합격 수기란 합격 수기와 마찬가지로 시험에 불합격한 사람이 자신이 공부해 온 과정, 경험, 느낀 점을 솔직하게 작성하는 글입니다. 불합격 수기라는 단어가 다소 생소하게 느껴지고, 시간 낭비처럼 보일 수 있습니다. 그렇다면 왜 이런 불합격 수기는 필요할까요? 우리는 임용고시 합격이라는 목표를 위해 많은 고민을 합니다. 그런데 아이러니하게도, 합격을 위해서는 불합격에 더 많은 관심을 가져야 합니다. 공부하기도 벅찬데 불합격이라니, 이게 무슨 말인가 싶으실 수도 있습니다. 물론 제가 이야기하고 싶은 것은 불합격을 목표로 하자는 것은 아닙니다. 우리의 목표는 분명히 합격입니다. 다만, 합격이라는 목표를 위해 불합격을 마주하는 과정이 필요합니다. 이 과정은 생각보다 어렵고 힘듭니다. 특히나 합격의 문턱에서 아깝게 좌절한 선생님들일수록 이 과정은 더욱 깊고 무겁게 다가올 것입니다. 그럼에도 우리는 이것을 피하지 않고 마주해야 합니다. 실패를 받아들이지 않으면 성공으로 나아갈 수 없습니다. 저는 선생님들께 불합격을 마주하는 방법으로 '불합격 수기'를 권하려고 합니다.

불합격 수기는 크게 '부족했던 점'과 '개선 방안' 두 가지를 작성합니다. 부족한 점을 작성할 때는 단순히 공부 내용에만 국한되지 않도록 합니다. 공부 습관, 공부 방법, 마음가짐, 운 등 여러 가지 요소를 두루 살펴보는 것이 필요합니다. 이유를 정리했다면, 어떻게 개선해야 할지를 함께 고민합니다. 합격 수기처럼 길게 쓸 필요는 없습니다. 단, 객관적으로 자신을 바라보는 태도가 필요합니다. 수기를 한 번에 완성하려고 하기보다는 중간중간 꺼내 보며 내가 가는 방향이 맞는지 점검하고, 새롭게 알게 된 것을 덧붙여 나가는 방식이 효과적입니다.

저에게 1년이라는 공부 기간은 불합격 수기를 쓰는 과정이라고 해도 과언이 아니었습니다. 공부하는 내내 부족한 점을 끊임없이 고민하고 개선하려고 노력했습니다. 하지만 이 과정이 마치 저를 부정하는 느낌이 들어 쓰는 과정이 참 힘들기도 했습니다. 하지만 결국 불합격과 정면으로 마주할 수 있었고, 다시 일어설 수 있었습니다.

불합격 수기 예시

여전히 생소한 분들을 위해 제가 실제로 재수 시간 동안 쓴 불합격 수기입니다. 불합격 수기 작성에 참고하길 바랍니다.

① 기출만 너무 많이 봄

- 이유: 의미 없는 기출 풀이가 많았음. 기출을 자주 보다 보니 답까지 암기하게 되어 별 고민 없이 답안을 쓰는 단순 과정을 반복하였고, 정작 기출 분석은 제대로 하지 않음.
- 개선: 기출문제 내용에 대한 이해가 어느 정도 되어 있기 때문에 올해는 가볍게 보자. 대신 기출 분석에 좀 더 신경을 써야할 듯.

② 특정 과목 문제 풀이를 하지 않았음

- 이유: 전공과목 중에서 가장 큰 비중을 차지하는 세 과목(해석학, 대수학, 위상수학)에 대한 문제 풀이를 소홀히 함. 기출문제로 이것을 대체하려고 했지만 잘되지 않았음. 기본서 연습 문제 풀이도 미흡했음.
- 개선: 기본서 연습 문제를 스터디를 통해 풀고, 전 과목 문제 풀이를 하자.

③ 교과교육론(수교론) 답 쓰는 연습을 많이 안 함

- 이유: 수교론은 책을 많이 읽고 외우기만 하면 된다고 생각하여 답 쓰는 연습을 많이 하지 않음. 문제를 보고 문장 형태로 답을 작성하지 않고 단답 형태로 작성하였고, 틀린 부분을 눈으로만 훑는 등 답 쓰는 연습에 소홀함.
- 개선: 책을 꾸준히 회독하되 암기하는 비중은 줄이며 답 쓰는 연습을 많이 하자. 특히 모의고사 문제를 많이 풀면서 암기가 잘 되어있지 않은 부분을 파악하여 실전 문제 감각 익히기.

④ 부족한 개념, 어려워하는 과목 등을 깊이 있게 보지 않았음

- 이유: 마음이 불안해서 그랬는지 내가 알고 있는 개념만 계속 반복해서 보려고 했던 경향이 있었던 것 같음. 이러다 보니 부족한 개념이나, 꺼리는 문제 유형, 어려워하는 과목 등의 우선순위가 뒤로 밀려 결국 제대로 보지 않음.
- 개선: 공부 순서를 바꾸자! 가장 싫어하는 과목을 공부 계획의 전반에 배치하여 강제로 공부를 할 수 있는 시스템 구축하기. 과목별로 공부를 하면서도 그전에 소홀히 했던 개념들이나 유형들을 억지로라도 깊이 있게 보기.

⑤ 시험장에서의 마인드 컨트롤 부족

- 이유: 시험장에서 긴장을 너무 많이 함. 시험에 빨리 집중하지 못했고 당황하여 문제에서 원하는 것을 빨리 캐치하지 못했음. 답지도 엉망진창으로 작성하였음.
- 개선: 실제 시험과 유사한 환경으로 모의고사 보는 횟수를 늘리자. 모의고사를 보면서 답안 작성하는 연습도 많이 할 필요가 있음. 특히 답지에 옮기는 타이밍, 시간 배분 등에 신경을 쓰자. 시험장에서는 안정감을 가지는 방안 생각해 보자!(평소 쓰던 물건 챙기기, 커피 마시기 등)

⑥ 실수가 많았음

- 이유: 시험에서 실수를 너무 많이 함. 실수로 인해 단답형에서 점수를 거의 얻지 못하였으며 서술형 문제에서도 점수를 온전히 가지고 간 문제가 많지 않았음.
- 개선: '틀리지 말자 노트'를 적극 활용하고 시험장에서 안정을 높이는 방안을 생각해 보자.

⑦ 기본서 회독수가 부족했음(오개념 多)

- 이유: 기본서를 많이 보지 않았음. 마음이 불안해서 그랬는지 특정 과목 문제 풀이와 기출문제만 많이 봄. 이것 때문인지 오개념이 매우 많았음.
- 개선: 기본서를 많이 보려고 노력하자. 적어도 3회독 이상하고 스터디를 통해 오개념 해결하기.

배움이 없는 자유는 언제나 위험하며
자유가 없는 배움은 언제나 헛된 일입니다.
_ 존 F. 케네디

에피소드 Ⅲ

"넌 수학 선생님은 안 돼!"

고등학교 1학년 때의 일이었다. 중학교 시절, 나는 공부를 꽤 잘하는 학생인 줄 알았다. 수학 시험에서는 늘 상위권이었고, 400명 가까운 전교생 중에서도 상위권을 다퉜다. 어린 마음에 '공부에 소질이 있구나'라는 생각을 너무 쉽게 해버렸다. 중학교 3학년을 어영부영 마무리하였고, 겨울방학에도 특별한 공부 없이 고등학교에 입학하게 되었다. 하지만 나의 오만한 착각은 고등학교 입학과 함께 처참히 무너졌다. 고등학교 첫 모의고사 나의 성적표는 5등급과 6등급으로 빼곡히 채워져 있었다. 나는 그 자리에서 멍하니 굳어버렸다.

고등학교 1년을 열심히 보냈지만, 성적은 좀처럼 나아지질 않았다. 수학을 포함한 모든 과목은 4~6등급을 오가는 정도였다. 시간이 지날수록 오랫동안 꿈꿔왔던 '수학 교사'라는 나의 꿈은 점점 멀게만 느껴졌다. 시간은 흘러 문·이과를 선택하는 시간이 다가왔다. 당연히 이과를 진학할 거라 선택했던 과거의 마음은 흔들리기 시작했다. 성적은 언제나 제자리였고, 그마저도 문과 과목의 점수가 조금 더 잘 나오는 상황이었다. 주변에서는 하나 같이 문과 가기를 추천했지만, 나는 끝내 고집을 꺾지 않았고, 결국 이과를 선택했다. 그즈음, 평소 친하게 지내던 선생님께 어렵게 이야기를 꺼냈다. "선생님 저 이과에 가기로 했습니다. 수학 교사가 되고 싶어서요." 그리고 돌아온 선생님의 말씀은 10년이 넘게 지난 지금도 나에게 생생하다.

"태진아, 넌 응용력이 떨어져서 수학 선생님은 안 돼."

선생님의 말씀은 가슴 깊숙이 나에게 박혔다. 머리로는 이미 알고 있던 사실이었음에도 이것을 다른 사람의, 그것도 선생님의 입을 통해 듣게 되자 그 말은 유난히 아프게 다가왔다. 고집부린 선택으로 오랜 시간 후회도 많이 했다. 이 길이 내 길인지, 과연 옳은 선택을 한 것인지, 그때 선생님의 만류를 따랐어야 하는 건 아닌지 수없이 되뇌었다.

우리는 종종 좋아하는 일을 택하면, 결국 그 길로 갈 수 있을 거라 믿는다. 하지만 때로는 우리에게 포기하는 용기가 필요한 순간이 찾아올지도 모른다. 그래도 이 글을 읽는 선생님들의 선택은 너무 아프지 않기를, 다시 일어설 수 있는 선택이기를 간절히 바랄 뿐이다.

그리고 지금, 그날의 선생님께 말해 본다.

"선생님, 저 교사가 되었습니다. 수학 교사요."

강하고 튼튼한
술기 부등

4장

깊이를 더하는,
공부 기술

26

기출문제 분석: 기출, 선택이 아닌 필수

"임용고시에 합격한 사람들의 숫자만큼, 합격하는 방법도 있다."

임용고시에 합격하기 위한 절대적인 방법은 없다는 뜻입니다. 합격자들은 각자 자신에게 맞는 방식으로 공부했습니다. 누군가에게는 '합격 비책'이었던 것이 다른 누군가에게는 한 번도 시도해 보지 않은 방법일 수도 있습니다. 그러나 수많은 방식 속에서도 합격자들이 공통으로 했던 것이 있습니다. 바로 기출문제입니다. 임용고시를 준비하는 데 있어 기출문제는 단순한 참고 자료를 넘어, 공부의 출발점이 되어야 합니다.

임용고시는 시험 범위가 방대하고, 어떤 문제가 출제될지 예측하기가 어렵습니다. 출제 경향과 문제 유형을 파악하기 위해서라도 기출문제는 선택이 아닌 필수입니다. 사실 기출문제의 중요성은 제가 이야기하지 않더라도 이미 잘 알고 있을 겁니다. 그래서 '왜 봐야 하는가'가 아닌 '어떻게 활용할 것인가'에 초점을 맞추고자 합니다. 같은 기출문제를 공부하더라도 활용

방식에 따라 학습 효과는 크게 달라지기 때문입니다.

기출 분석 팁

○ **기출문제 정리를 어떻게 할 것인가?**

기출문제를 정리하는 방법에 정답은 없습니다. 바인더를 이용해 정리해도 좋고, A4용지에 문제를 하나씩 인쇄해 정리할 수도 있습니다. 휴대가 불편하다면, 태블릿을 활용하는 것도 좋습니다. 문제를 정리할 때는 연도별로 순서대로 정리하기보다는 개념 단위로 묶어서 하는 것이 효과적입니다. 이때는 문제와 풀이만 정리하는 것이 아니라 관련 개념, 출제 의도, 유사 문제 등을 함께 정리해 두면 공부에 큰 도움이 됩니다.

○ **문제를 깊이 있게 바라보자**

기출문제를 단순히 답과 문제를 반복해서 보는 방식은 한계가 있습니다. '결론을 다른 방식으로 확장해 보기', '과목 간의 연관성을 고려해 보기', '문제 조건 바꿔보기', '유사 문제 구조 파악하기'와 같은 질문을 통해 문제를 더욱 깊이 있게 분석해봅시다. 혼자서 하기에는 어려움이 있을 수 있습니다. 스터디를 통해 서로 의견을 나누며 공부하는 것도 좋은 방법입니다.

○ **출제 경향 파악하기**

출제 경향을 파악하는 것은 다음의 질문에 답하는 것입니다.

> '어느 단원에서 출제되었는가?'
> '최근 어떤 개념이 반복적으로 출제되었는가?'
> '출제 비중이 낮은 단원은 어디인가?'

　과목별, 단원별, 연도별 시험에 출제된 횟수를 확인하다 보면 자연스레 출제 흐름을 읽을 수 있습니다. 기출문제는 다음 시험을 예측할 수 있는 가장 확실한 자료입니다. 저 역시 이 방법을 통해 큰 도움을 받았습니다. 예상했던 내용이 실제로 출제되기도 했고, 공부 범위를 전략적으로 조정할 수 있었습니다.

○ **빈도수 파악하기**

　기출문제 분석의 시작은 빈도수 파악입니다. 빈도수 파악은 각 단원이 지금까지 몇 번이나 나왔는지 정리하는 것입니다. 빈도수를 파악하다 보면 주로 출제되는 부분과 그렇지 않은 부분을 자연스레 나눌 수 있습니다. 출제된 적이 없는 개념은 시간이 부족할 땐 과감히 생략하거나, 여유가 있을 때는 출제 가능성을 염두에 두고 준비하는 등 전략적으로 선택할 수 있습니다.

복소 해석학 임용기출 분석

장	단원	나온 횟수	장	단원	나온 횟수
1장 복소수계	1.1 복소체	4	9장 로랑급수 & 유수정리	9.1 특이점의 분류	1
	1.2 직교형식			9.2 로랑급수	4
	1.3 극형식	3		9.3 실적분의 계산	10
4장 초등함수	4.1 지수함수		2장 위상적, 해석적 예비이론	2.1 평면상의 점집합	
	4.2 사상성질			2.2 수열	
	4.3 로그함수			2.3 콤팩트 집합	
	4.4 복소지수			2.4 입체사영	
5장 해석함수	5.1 Cauchy-Riemann 방정식	5	3장 방 선형변환 & 사상	2.5 연결성	
	5.2 해석성	1		3.1 기본사상	
	5.3 조화함수	1		3.2 1차분수변환	
6장 멱급수	6.1 수열			3.3 그밖의 사상	
	6.2 멱등수열				
	6.3 Maclaurin 과 Taylor 급수	2			
	6.4 멱급수에 관한 연산				
7장 복소적분 & 코시정리	7.1 곡선				
	7.2 매개변수표현				
	7.3 선적분	3			
	7.4 코시정리	2			
8장 코시정리의 응용	8.1 코시 적분공식	1			
	8.2 코시 부등식과 그의 응용	5			
	8.3 최대 모듈러스 정리				
	8.4 편각원리	2			

출제 빈도수 파악

> **TIP** 빈도수를 파악할 때는 단원별로 구분할 필요는 없습니다. 문제 유형이나, 특정 개념을 기준으로 나누는 것도 좋은 방법입니다.

○ 연도별 빈도수 파악하기

두 번째는 연도별 빈도수 파악하기입니다. 개념들이 연도별로 어떤 형태로 출제되었는지 파악하는 것입니다. 이를 통해 다음 질문에 답할 수 있습니다.

> '최근에 출제되는 개념이 올해도 출제될 것인가?'
> '자주 출제되었는데 최근에 출제되지 않은 개념은 무엇인가?'

이러한 방식은 기출문제를 전략적으로 바라보는 데 매우 효과적이며, 실제 시험에 큰 도움이 됩니다.

연도별 추이 파악

기출 분석 주의할 점

○ **기출문제만 너무 많이 보지 않기**

기출문제를 반복해서 보는 것은 중요하지만, 그 양에만 집착하게 되면 오히려 학습 효율이 떨어질 수 있습니다. 이미 풀어본 문제를 반복할수록 성취감은 느껴지지만, 실질적인 실력 향상과는 거리가 있을 수 있습니다. 특히 기출문제가 강사 문제에 비해 비교적 쉽게 느껴지는 경향이 있으므로, 열심히 하고 있다는 착각에 빠지기 쉬워 더욱 주의가 필요합니다.

○ **정리에 치중하지 않기**

공부한 내용을 정리하는 것은 효과적이며 의미 있는 공부 방법입니다. 그러나 공부보다 정리 자체에만 집중하게 되면, 학습의 본질이 흐려질 수 있습니다. 보기 좋게 정리하는 것에만 지나치게 집중하다 보면 생각은 멈추고

손만 움직이게 됩니다. 정리는 목적이 아닌 수단임을 기억해야 합니다.

기출 분석 실전편

기출 분석을 시작하려고 하면 생각보다 막막하게 느껴집니다. 내가 제대로 하고 있는 것인지, 방향이 맞는지 불안할 수도 있습니다. 그래서 제가 실제로 기출 분석을 어떻게 했는지, 그리고 그 분석이 실제 시험과 어떻게 연결되었는지를 구체적으로 소개해 드리려고 합니다. 다른 교과 선생님들은 낯선 수학 용어 때문에 당황하실지도 모르겠네요. 과목 내용보다는 분석 과정과 방법에 초점을 맞추어 읽어주시면 되겠습니다.

기출 분석은 '출제 경향 파악', '빈도수 파악' 등을 중심으로 진행하였으며, 기존에 꾸준히 출제되는 기출문제 유형과 개념들을 중심으로 분석했습니다.

① 기출 분석 예시(복소 해석학)

빈도수 파악과 연도별 추이를 파악한 결과 복소 해석학에서 출제될 거라 예상한 것은 '코시 리만방정식', '유수 정리', '최대 모듈러스 정리', '코시부등식' 네 가지였습니다.

> 코시-리만 방정식

코시-리만 방정식은 종종 출제되는 문제 유형이었습니다. 하지만 최근에는 출제가 되지 않아 출제 가능성이 있다고 생각했습니다. 실제 2017학년도 전공 A 6번 문제에 코시-리만 방정식이 출제되었습니다.

> 유수 정리

유수 정리는 꾸준히 출제되는 스테디셀러 문제 유형 중 하나였습니다. 출제 빈도가 높아 한동안 나오지 않을 수도 있다고 생각했지만, 그만큼 중요한 개념이기 때문에 어떤 유형으로 나오더라도 풀 수 있을 정도로 정리해 두었습니다. 하지만 아쉽게도 시험에는 출제되지 않았습니다.

> 최대 모듈러스 정리

과거 객관식 시절 복소 해석학 문제 중에는 빈칸을 채우는 문제가 있었습니다. 그런데 몇 년 뒤, 이와 유사한 내용이 거의 동일한 형태의 서술형 문제로 다시 출제되었습니다.

'2009 모의평가(빈칸 채우기) vs 2015 3번 문제(서술형)'
(반원에 대한 복소 적분 문제)

이 사례를 보고, 과거에 출제된 빈칸 채우기 문제들이 서술형으로 변형되어 출제될 수 있겠다는 생각이 들었습니다. 마침 최대 모듈러스 정리를 활용한 빈칸 채우기 문제를 발견했고, 혹시나 하는 마음으로 집중적으로 정리해 두었습니다. 그런데 놀랍게도 실제로 시험에 출제되었습니다.

4장 깊이를 더하는, 공부 기술

['2010 35번 문제(빈칸) vs 2017 11번 문제(서술형)'
(최대 모듈러스를 활용한 문제)]

되돌아보면 단순한 직감이나 비합리적인 예감에 따른 선택이었다기보다는, 과거에 출제된 문제 유형이 유사한 형태로 다시 등장하는 패턴을 읽어낸 것이 아닌가 생각합니다.

> **TIP** 기출문제 공부를 할 때, 문제 유형이 다르다는 이유로 객관식 시절 문제들은 공부를 하지 않는 경향이 있습니다. 하지만, 앞 예시에서도 알 수 있듯이 객관식 형태의 문제이더라도 시험에서 강조하는 부분은 동일합니다. 문제를 구별하지 않고 모든 기출문제를 공부하기 바랍니다.

② 빈도수 파악

해석학

해석학을 분석해 보니, 과거에 테일러 정리와 관련된 문제가 출제된 적은 있었지만, 최근에는 출제가 되지 않아 출제 가능성이 크다고 판단했습니다. 마침 강사들이 유사한 유형에 좋은 문제를 많이 출제했고, 그 내용을 상황별로 잘 정리해 두었습니다. 실제로 2017학년도 전공 B, 7번 문제로 출제되었습니다.

이산수학

생성함수가 계속 출제되는 상황이었기 때문에 가장 우선순위를 두고 준비했습니다. 다음으로는 자주 출제되었다가, 최근 들어서는 거의 출제되지 않았던 색채수와 그래프 관련 내용을 예상했습니다. 시험에서는 생성함수는 출제되지 않았으며, 그래프 관련 문제가 2017학년도 전공 A, 2번 문제로 출제되었습니다. 하지만 너무 쉬운 수준에 문제로 출제되어 변별력 있는 문항은 아니었습니다.

③ 스테디셀러

해마다 꾸준히 출제되는 스테디셀러 개념들이 있습니다. 해석학에서는 평등수렴 문제가, 대수학에서는 기입형 문제와 갈루아 이론이 대표적입니다. 이러한 개념들은 출제 빈도가 매우 높아, 사실상 매년 출제되어도 전혀 이상하지 않은 주제들입니다. 저 역시 이러한 부분을 대비해 준비했고, 실제로 다음과 같이 출제되었습니다.

> '2017학년도 전공 B, 4번 평등수렴 관련 문제'
> '2017학년도 전공 A, 3번 표수를 구하는 기입형 대수 문제'
> '2017학년도 전공 B, 6번 갈루아 관련 문제'

④ 기출문제 변형

기출문제 중에는 기존 문제를 기반으로 형태만 살짝 바꿔 다시 출제되는 경우가 많습니다. 이러한 경우를 대비해 유사한 항목을 묶어 정리해 두는 것이 효과적입니다. 아래 사례들은 기존 문제와 유사성이 매우 높았던 변형 사례들입니다.(90년대 기출문제의 경우 강사 자료를 참고했습니다.)

> '1992. 통계문제 vs 2017학년도 전공 B, 7번'
> (확률변수와 관련된 통계문제)
> '1993. 통계문제 vs 2017학년도 전공 A, 14번'
> (확률변수와 관련된 통계문제)
> '2014학년도 A형 11번 vs 2017학년도 전공 A, 8번'
> (단위 속력 곡선과 관련된 미분기하학 문제)

기출문제 다운로드

　기출문제는 한국 교육과정 평가원 홈페이지에서 '자료마당' → '기출문제' → '중등교사임용시험'에 들어가면 다운로드할 수 있습니다. 연도별로 모두 출력해 활용할 수도 있고, 과목이나 개념 혹은 문제 유형을 중심으로 나누어 정리할 수도 있습니다. 강사들이 정리해 둔 자료를 활용할 수도 있지만, 직접 기출문제를 정리하고 분석하는 것이 공부에 큰 도움이 됩니다.

> **TIP** 기출 분석을 하기 어려워하는 분들을 위해 제가 직접 사용했던 기출문제 양식을 부록에 QR코드로 남겨두었습니다. 해당 양식을 참고해 보기 바랍니다.

> 교육은 암기를 얼마나 열심히 했는지, 혹은 얼마나 많이 아는지가 아니다.
> 교육은 아는 것과 모르는 것을 구분할 줄 아는 능력이다.
> _ 아나톨 프랑스

27

공부 방법: 전공부터 교육학까지

1차 시험은 크게 세 가지로 나누어 생각해 볼 수 있습니다.

"교육학 + 전공 + 교과교육론"

전체 배점은 100점으로 교육학 20점, 전공 80점입니다. 전공을 세분화하면 교과교육론이 약 20~24점, 전공 56~60점 정도입니다. 과목별로 공부 방법은 얼핏 비슷해 보이지만, 실제로는 조금씩 차이가 있습니다. 이 글에서는 전공, 교과교육론, 교육학 순서로 각 과목을 어떻게 공부하면 좋을지 구체적으로 살펴보겠습니다.

전공 공부 순서

일반적인 전공 공부 순서는 다음과 같습니다.

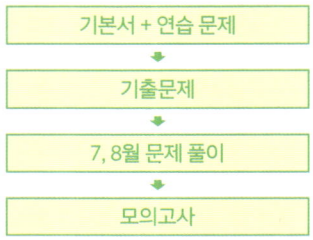

　기본서 회독과 연습 문제를 통해 전공 개념의 큰 틀을 잡습니다. 기초가 어느 정도 완성되면 기출문제를 통해 시험의 출제 방향을 잡습니다. 자주 출제되는 내용이 무엇인지, 과목별로 출제 빈도는 어떠한지 등을 분석합니다. 그다음 7, 8월 문제 풀이를 통해 개념을 확장하고, 마지막에는 모의고사를 통해 공부한 내용을 점검하고 실제 시험 상황을 시뮬레이션합니다. 이 과정에서 오개념을 교정하고, 개념을 단단히 하는 과정을 거칩니다. 공부 단계 중 내용이 잘 이해되지 않거나, 진행 속도가 너무 느리다면 주저하지 않고 이전 단계로 돌아가야 합니다. 일련의 과정이 단순해 보이지만, 실제로는 순서에 맞춰 따라가기가 쉽지 않습니다. 공부 스타일이나 환경에 따라 다르게 접근할 필요가 있는 이유입니다. 몇 가지 상황을 예시로 어떻게 전공 공부를 시작하면 좋을지 구체적으로 살펴보겠습니다.

○ **학부생 / 초수생이라면**
　학부생이나 초수생이라면 기본서 문제를 먼저 풀어보는 것이 좋습니다. 3학년까지 배운 내용만 잘 정리해 두는 것만으로도, 그렇지 않은 분들에 비해 최소 3개월 이상의 시간은 앞서 나갈 수 있습니다. 기본서의 문제가 많이 없는 과목이나 전공의 경우 기출문제를 푸는 것도 좋습니다. 다만, 주의해야 할 것은 피드백입니다. 문제를 푸는 것에서 그치는 것이 아니라 답과 나의 풀이를 꼼꼼히 비교하고, 답안 작성 연습까지 병행해야 합니다. 선생님들이 이 부분을 간과하고 문제 풀이만 반복하는 경우가 많은데, 이 작은 습관이 나중에 정말 큰 차이를 만들어냅니다.

○ 시간이 부족하다면?

공부할 수 있는 기간이 짧거나, 하루에 공부할 수 있는 시간이 제한된 경우라면, 순서를 일방적으로 따르기보다는 계획을 조금 변경해야 합니다. 첫 번째는, 기본서 문제를 제외하고 기출문제로 푸는 것입니다. 기본서의 경우 문제의 양이 많고, 과목에 따라 문제 자체가 없는 경우도 있습니다. 이때는, 기출문제로 대체하는 것이 효과적입니다. 기본서 문제들보다는 조금 어렵지만, 많은 강사가 다루고 있기 때문에 정보를 얻기도 쉬운 편입니다. 두 번째는, 기출문제 양을 줄이는 것입니다. 기출문제의 경우 오랜 시간 동안 누적되어 양이 상당합니다. 모든 문제를 풀어보는 것이 당연히 좋겠지만, 시간이 제한되기 때문에 10~15개년을 중심으로 공부하는 것을 추천합니다. 비슷하게 7, 8월 문제 풀이나 모의고사의 양을 줄이는 방법도 있습니다. 모든 문제는 내가 소화 가능한 범위 내에서 공부하는 것이 중요합니다.

전공 공부 주의할 점

○ **기본서는 시험이 끝날 때까지**

전공 공부 순서에서 기본서는 처음에만 등장하지만, 실제로는 시험이 끝날 때까지 반복해서 봐야 할 부분입니다. 서브 과목 같은 경우는 문제 풀이에 의존하는 경우도 있지만, 주요 과목만큼은 기본서를 계속 봐야 개념의 깊이를 다질 수 있습니다. 기본서를 보는 것이 시간이 오래 걸려 꺼려하기도 하지만, 반복해서 보다 보면 회독하는 속도는 점차 빨라집니다. 특히 나중에는 필요한 부분들 위주로만 봐도 충분하기 때문에 너무 걱정하지 않아도 됩니다. 더불어 기출문제도 기본서와 마찬가지로 틈틈이 반복해서 학습할 필요가 있습니다.

○ **남들과 비교하지 말자**

나는 열심히 기본서 연습 문제를 풀고 있는데 옆에 친구는 모의고사를 풀고 있는 모습을 보면 초조해질 수밖에 없습니다. 괜히 불안한 마음에 '나도 모의고사 풀어야 하나?'라는 고민을 할 수밖에 없습니다. 준비가 되어 있지 않은 상태에서 모의고사를 공부하게 되면 얻을 수 있는 게 거의 없습니다. 오히려 시간만 낭비하게 될 수 있습니다. 공부의 기준은 남이 아닌 '나'가 되어야 합니다. 남들과 비교해서 하는 공부는 몸에 맞지 않은 옷을 입고 다니는 것과 다를 바 없습니다.

교과교육론 공부 방법

교과교육론은 매년 20~24점의 배점을 차지하고 있습니다. 이는 단일 과목으로는 가장 높은 비중입니다. 하지만 다행히도 난이도는 다른 전공에 비해 상대적으로 쉬운 편이기 때문에 적어도 20점 이상 획득을 목표로 두고 체계적으로 접근하는 공부가 필요합니다.

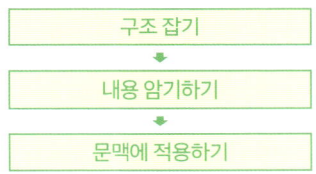

○ **구조 잡기**

구조 잡기는 과목에 대한 전체적인 틀을 잡아가는 단계입니다. 이 시기에는 암기에 집중하지 않고 책을 2~3회 회독합니다. '이런 내용이 있구나' 정도만 보는 정도로 전체적인 구조를 잡도록 합니다. 이때 시험에 잘 출제되지 않는 부분이나 반대로 자주 나오는 부분을 미리 체크해 두면 이후 공부에 도움이 됩니다.

○ **내용 암기하기**

전체적인 구조를 파악했다면 이제는 본격적인 암기에 들어갑니다. 기출문제와 강사 자료를 바탕으로 핵심적인 키워드를 추출한 뒤, 키워드를 중심으로 암기합니다. 교과교육론은 시험에서 키워드 중심 채점이 될 확률이 높으므로, 암기할 때는 키워드를 중심으로 암기를 하되 각 키워드의 의미와 핵심 내용을 함께 암기합니다. 암기를 돕기 위해 백지 쓰기, 인덱스 카드, 전화 스터디, 목차 짜기 등의 방법을 많이 사용합니다.

○ **문맥에 적용하기**

교과교육론 공부라고 하면 보통 암기가 끝이라고 생각하는 경우가 많지만, 단순히 키워드를 암기하는 것만으로는 답안을 작성하기 쉽지 않습니다. 그렇다면 어떤 접근이 필요할까요?

최근 교과교육론 출제 경향은 크게 두 가지로 나눌 수 있습니다.

> "문맥에 개념을 숨겨두고 답을 쓰게 하는 경우"
> "문제에서 개념을 노출한 후 문맥과 연결하여 답을 쓰게 하는 경우"

단답형 문제를 제외하고는 대부분 위와 같이 두 가지 형태 중 하나로 문제가 출제됩니다. 두 경우의 공통점은 문맥입니다. 실제 수업 상황을 제시하고 문제 상황을 교과교육론 개념으로 풀어내는 것이 핵심입니다. 차이는 개념이 드러나는지, 그렇지 않은지 여부입니다. 따라서 문맥을 읽어내는 연습이 중요합니다. 이를 위해 다양한 문제를 풀면서 문맥과 교과교육론 개념을 연결하는 연습을 꾸준히 해야 합니다. 모의고사 형태로 나온 문제들이 연습하기에 효과적이며, 특정 문맥과 개념이 연결돼 있는 경우가 많으니 이런 내용은 따로 정리해 둡니다.

교육학 공부법

교육학 공부의 전체적인 공부 방법은 교과교육론 공부 방법과 거의 유사합니다. '구조 잡기', '내용 암기하기', '문맥에 적용하기'라는 공부방식에 변화가 있지는 않지만, 어디에 더 집중하는지 정도의 차이가 있습니다.

○ **구조 잡기**

교육학은 양이 워낙 많다 보니 개인이 전체적인 내용의 구조를 잡기가 쉽지 않습니다. 이때는 인터넷 강의를 듣는 것이 효과적입니다. 인터넷 강의를 선택할 때는 강사들이 많다 보니 수강 후기를 살펴보거나 무료 특강을 통해 선택하길 바랍니다. 나에게 맞는 강사를 택하는 것이 중요합니다. 강의와 함께 강사 자료를 가볍게 2~3회 회독하며 전체적인 개념의 구조를 잡습니다.

○ **내용암기**

암기 방식은 교과교육론과 크게 다르지 않지만, 외워야 할 양이 좀 더 많습니다. 처음부터 모든 내용을 완벽하게 암기하려고 하기보다는, 선택과 집중이 필요합니다. 기출문제에 출제된 개념과 강사들이 강조한 내용을 우선적으로 암기한 뒤 점차 암기하는 범위를 확장해 나가는 것이 좋습니다.

○ **문맥에 적용하기**

최근 교육학 출제 경향은 하나의 소 문제 당 하나의 개념을 묻는 단문형 서술에 가깝습니다. 총 4개의 문제가 출제되며, 각각 다른 개념과 상황이 주어져 이에 맞는 적절한 교육학 개념을 적용해야 합니다. 교과교육론에 비해서는 문맥 적용 난도가 높지는 않지만, 개념을 문장으로 만드는 연습이 중요합니다.

> 출발하게 만드는 힘이 동기라면
> 계속 나아가게 만드는 힘은 습관이다.
> _ 짐 라이언

28

답안 작성법: 어떤 답안이 좋은 답안일까?

임용고시에서 문제를 푸는 것과 답안을 작성하는 것은 전혀 다른 이야기입니다. 문제를 이해하고 해결할 수 있는 능력도 물론 중요하지만, 제한된 시간 안에 논리적이고 정확하게 답지에 서술하는 능력 또한 필수적입니다. 점수는 결국 답안에 의해 결정되니까요. 따라서 아무리 내용을 잘 이해하고 있더라도 답안에 이것을 효과적으로 담아내지 못한다면 좋은 결과를 기대하기 어렵습니다. 여기에서는 전공과 교육학 답안을 작성할 때, 어떤 부분에 유의해야 하는지, 어떤 방식으로 준비해야 하는지를 구체적으로 살펴보고자 합니다.

답안지 살펴보기

다음은 전공과 교육학 답안지 사진입니다. B4 크기이며 전공은 한 문제당 4줄 분량을 작성합니다. 교육학은 앞, 뒤 페이지로 나누어 작성하도록 되어 있습니다.

교육학 답안 양식

2교시 2022학년도 중등학교교사 임용후보자 선정경쟁시험 제1차 시험 답안지

성 명		수 험 번 호	※결시자 확인란 (응시자는 표기하지 말 것)
			- 결시자 성명과 수험 번호 기재 - 검은색 필기구로 결시자 수험 번호, 쪽 번호와 우측란을 ● 로 표기
전공 A 전용 답안지	쪽 번호 ① ②		※감독관 확인란 (응시자는 표기하지 말 것) - 본인 여부, 성명, 수험 번호 기록이 정확한지 확인 후 서명/날인 - 결시자는 위의 결시자 확인란에도 표기 (서명 또는 날인)

본인은 응시자 유의 사항을 숙지하였으며 이를 지키지 않아 발생하는 모든 불이익을 감수할 것을 서약합니다.

1. 수험 번호와 쪽 번호는 검은색 필기구를 사용하여 ● 로 표기하시오.
2. 답안은 지워지거나 번지지 않는 동일한 종류의 검은색 필기구를 사용하여 작성하시오(연필, 번지거나 지워지는 펜, 수정테이프 또는 수정액 등 사용 불가).
3. 응시자 유의 사항을 위반하여 작성한 답안은 채점 시 불이익을 받을 수 있으니 유의하시오.

문항 1 (2점)

문항 2 (2점)

문항 3 (2점)

문항 4 (2점)

문항 5 (4점)

문항 6 (4점)

문항 7 (4점)

전공 답안 양식

전공 답안 작성

○ **답안 작성**

전공의 경우 한 문제당 B4용지 기준 4줄 분량을 답안으로 작성합니다. 분량이 제한되어 있어 핵심 키워드를 중심으로 깔끔하게 작성하는 것이 중요합니다. 각 문장에서는 문제에서 묻고자 하는 요지가 구체적으로 드러나도록 하며, 논리적인 연결 구조를 갖추는 것이 필요합니다. 이때, 불필요한 서술은 최대한 배제하도록 노력합니다.

○ **시간 분배하기**

시간 안에 모든 문제를 해결하고, 답안지에 정확히 옮기기 위해서는 철저한 시간 관리 계획이 필요합니다. 전공은 교육학처럼 초안 개념 없이 곧바로 답안을 작성해야 하므로, '문제 풀이', '답지에 옮기기' 두 가지 활동으로 나누어 생각할 수 있습니다. 저는 실제 시험에서 답지에 옮기는 시간을 30분으로 배정했습니다. 필요한 시간은 개인차가 있지만, 최소 30분은 확보해 두는 것이 안전합니다. 그렇지 않으면 문제는 풀었지만, 답안지에 옮기지 못한 채 시험이 종료되는 안타까운 일이 생길 수 있습니다. 시간이 부족한 것보다는 답지에 풀이를 다 옮기고 시간이 남는 것이 훨씬 낫습니다. 한 문제를 풀고 그때그때 바로 답지에 옮기는 방법도 있습니다. 어떤 방식이든 연습을 통해 나에게 맞는 시간 배분 전략을 찾는 것이 중요합니다.

○ **문제 푸는 순서 정하기**

모든 문제를 순서대로 푸는 것이 반드시 최선은 아닙니다. 나에게 가장 효율적인 문제 풀이 순서를 미리 정해두는 것만으로도, 점수를 올릴 수 있습니다. 대표적인 세 가지 방식은 다음과 같습니다.

순서대로 풀기

1번부터 차례대로 문제를 풀고, 어려운 문제는 과감히 건너뛰고 마지막에 다시 시도하는 방식입니다.

교과교육론 먼저 풀기

시험 초반 긴장 완화를 위해 비교적 수월한 교과교육론 문제를 먼저 푸는 방식입니다. 실제 시험에서 많이 사용되는 전략입니다.

쉬워 보이는 문제부터 풀기

문제를 전체적으로 훑어본 후, 가장 풀기 쉬워 보이는 문제부터 시작하는 방법입니다. 다소 연습이 필요한 전략이지만, 문제 풀이의 속도를 높이고, 시험 초반의 긴장을 완화하는 데 효과적입니다.

○ **전공 답안 작성 팁**

답안 쓰는 연습하기

답안 작성은 연습이 중요합니다. 답안의 완성도가 점수에 직접적인 영향을 미치기 때문입니다. 이때 핵심 내용을 논리적으로 전달하는 연습이 필요합니다. 답안은 실제 양식에 맞춰 많이 연습해 보는 것이 중요합니다.

서술형 답안지 A4 양식

문항( )	
문항( )	
문항( )	

서술형 답안지 양식(A4)

실제 답안지 양식은 온라인을 통해 구매할 수도 있지만, 크기가 크고 가격적으로 부담이 될 수 있다는 단점이 있습니다. 그래서 저는 A4용지로 실제 답안지 크기와 유사하게 양식을 만들어 활용했습니다. 해당 양식은 부록의 링크를 통해 다운로드할 수 있습니다.

처음에는 정해진 분량 안에 내용을 구성하는 것이 어색하고 어렵게 느껴질 수 있으나, 반복해서 작성해 보는 경험이 큰 도움이 됩니다.

작성해야 할 분량 정하기

답지를 작성할 때는 시험지에 어느 정도까지 답을 작성할지 미리 계획하는 것이 좋습니다. 전공의 경우, 문제 풀이를 대부분 시험지에 작성하게 됩니다. 반면, 교과교육론은 시험지에는 간단히 정리만 해두고, 답지에 바로 옮겨도 큰 어려움은 없습니다. 사소해 보이지만, 이러한 전략을 통해 시간을 효율적으로 활용할 수 있습니다.

번호에 알맞게

답안을 작성할 때는 반드시 해당 문제 번호에 정확히 맞춰 작성해야 합니다. 특히, 문제를 순서대로 풀지 않고 선별해서 푸는 경우, 번호 착오로 인해 감점되는 경우가 자주 발생하므로 주의가 필요합니다.

볼펜 굵기

답안을 작성할 때 사용할 볼펜의 굵기도 고려해야 합니다. 굵기가 가늘면 쓸 수 있는 양은 많지만, 속도가 느려질 수 있습니다. 반대로 굵은 볼펜은 속도감 있게 작성할 수는 있으나 자칫 공간이 부족해지거나 글씨가 뭉개질 수 있으므로 유의하기 바랍니다. 참고로 계산이 많거나 숫자나, 복잡한 표기들이 많은 과목은 좀 더 얇은 펜이 유리합니다.

> **TIP** 제가 썼던 펜은 시그노 0.38, 0.5, 볼펜은 스라리 0.7, 제트스트림 0.5입니다. 다양한 펜을 써보시고 본인에게 맞는 펜을 찾아보길 바랍니다.

필살기 발휘하기

답안을 모두 작성한 뒤 시간이 애매하게 남는 경우가 있습니다. 이때는 필살기를 발휘해야 할 때입니다. 부족하다고 생각한 답안을 다듬거나, 비워둔 문제에 도전해 보는 것도 좋습니다. 특히, 비어있는 문제를 볼 때는 시험지에 풀고 옮길 시간도 없으니 답안지에 바로 작성하는 것이 효과적입니다. 이때, 운 좋게 1, 2점을 챙길 수 있습니다. 중요한 것은 마지막 순간까지 포기하지 않는 태도입니다.

시험지 훑어보기

시험 시작 직후에는 곧바로 문제를 풀기보다는 전체 시험지를 한 번 훑어보는 것이 좋습니다. 이를 통해 시험의 전반적인 난이도와 구성을 빠르게 파악할 수 있고, 긴장을 줄이는 효과도 있습니다. 또한, 나에게 익숙한 유형이나 먼저 풀기 좋은 문제를 식별하는 데도 큰 도움이 됩니다.

답안 수정

답안을 작성하다가 실수가 발생할 수 있습니다. 이때는 해당 부분을 지우거나 수정해야 합니다. 틀린 내용은 두 줄(=)을 그어 표시하면 되지만, 그만큼 작성할 수 있는 분량이 줄어든다는 점도 염두에 두기 바랍니다.

교육학 답안 작성

○ **시간 정하기**

교육학의 시험 시간은 1시간입니다. 이 1시간을 어떻게 효율적으로 활용하느냐에 따라 답안의 완성도가 달라지므로, 자신만의 시간 전략을 세워두는 것이 필요합니다. 계획 없이 문제를 풀다 보면 시간이 부족하거나 답안이 제대로 써지지 않을 수 있으니까요. 평균적인 시간 배분은 다음과 같습니다.

> 초안(15~25분) + 답안 옮기기(30~40분) + 점검(5분)

시간은 개인의 필기 속도나 스타일에 따라 조정할 수 있습니다. 예를 들어 글 쓰는 속도가 느리다면 초안을 간결하게 작성하고, 답안 옮기는 시간을 넉넉히 확보하는 것이 좋습니다. 반대로 글 쓰는 속도가 **빠른** 분들은 초안에 충분한 시간을 쓰며 답안은 초안 내용을 거의 그대로 옮기는 방향을 선택할 수 있습니다.

○ **순서 정하기**

교육학 답안은 크게는 세 부분(서론, 본론, 결론), 작게는 여섯 부분(서론, 본론 1~4, 결론)으로 나눌 수 있습니다. 순서대로 답안을 작성할 수도 있지만, 전략적인 순서를 선택하는 것이 효과적일 수 있습니다. 주로 '본론 → 서론 → 결론'이나 '서론 → 본론 → 결론' 순서대로 작성하는 경우가 많습니다. 본론을 먼저 작성하는 경우, 본론의 흐름에 맞춰 서론과 결론을 적을 수 있다는 장점이 있습니다. 순서대로 쓰는 경우 글의 방향을 잡는 데 효과적입니다. 내가 쓰기 편한 방식으로 결정하면 되겠습니다.

○ **교육학 답안 작성 Tip**

문제 꼼꼼히 읽기

교육학 문제 하단에는 보통 '몇 개 이상 쓰시오', '~ 관점에서 논하시오' 등의 유의 사항이 포함되어 있습니다. 이 조건은 채점 기준에 반영되기 때문에 지문을 반드시 꼼꼼히 읽고, 제시된 조건을 반영해 답안을 작성해야 합니다.

비워두지 않기

문제를 풀다 보면 정말 모르겠거나 까다로운 내용이 있습니다. 하지만 이런 내용을 잘 모른다고 해서 빈칸으로 남겨두어서는 안 됩니다. 문제 속 지문을 이용해서라도 반드시 서술하기 바랍니다. 운이 좋다면 생각보다 높은 부분 점수를 받을 수 있습니다. 특히, 시험 난도가 높을 때는 이런 작은 차이가 점수에 큰 영향을 줍니다.

볼펜 굵기

교육학 답을 작성할 때도 전공과 마찬가지로 속도가 정말 중요합니다. 써야 할 내용이 많다 보니 빨리 쓰는 것이 유리합니다. 연습을 통해 어느 정도 빨라질 수 있지만, 저처럼 글 쓰는 속도가 느린 사람은 한계가 있습니다. 이때는 전공과 같이 볼펜 굵기를 조절해 보는 것도 방법입니다. 일반적으로 굵기가 굵은 펜일수록 빠르게 작성할 수 있으며, 잉크 흐름이 부드러워 손에 힘이 덜 들어갑니다.

가독성 있게 작성하기

시험 답안지는 아무래도 사람이 직접 보고 채점하는 것이기 때문에 보기 좋은 구성과 가독성이 중요합니다. 글씨를 또박또박 적고, '서론 – 본론 – 결론'을 명확히 구분해 작성합니다. 들여쓰기, 줄 바꿈, 단락 구분 등도 답안 흐름이 명확히 드러나도록 하는 데 좋은 장치입니다. 또한, 맞춤법과 문장부호도 가능한 정확히 사용하는 것이 좋습니다.

앞, 뒷면 확인하기

교육학 답안지를 받자마자 앞, 뒷면 표시를 하는 것이 좋습니다. 실수로 앞면에 체크해 두고, 뒷면부터 쓰는 경우가 있습니다. 답안지를 받자마자 앞, 뒷면을 정확히 확인하는 습관이 필요합니다. 작은 실수가 큰 감점으로 이어질 수도 있으니 유의해야 합니다.

> 배우나 생각하지 않으면 공허하고
> 생각하나 배우지 않으면 위험하다.
> – 공자

29

모의고사 활용법: 풀기만 해서는 안 됩니다

 시험이 가까워질수록 중요한 것은 무엇일까요? 저는 '자기 점검'이라고 생각합니다. '부족한 개념이 무엇인지', '오개념이 있지는 않은지', '암기는 잘되어 있는지', '모르는 개념이 있지는 않은지'와 같은 점검이 필요합니다. 이러한 점검이 제대로 되어있지 않으면 실제 시험장에서 당황하게 되며 결과적으로 답안을 제대로 쓰지 못할 수 있습니다. 이러한 점검을 위해 효과적인 수단이 바로 모의고사입니다. 일반적인 학원 커리큘럼을 보면 9월부터 본격적으로 모의고사 문제가 나오기 시작합니다. 이 시기에는 모의고사를 꼭 풀어보기 바랍니다. 아직 준비가 안 되어있다는 생각에 모의고사를 미루는 경우도 많지만, 그럴수록 더욱 모의고사를 풀어야 합니다. 모의고사는 실전 연습뿐 아니라, 나의 부족한 부분을 점검하고 실수를 예방할 수 있는 가장 효과적인 도구입니다. 그렇다면 모의고사는 어떻게 활용해야 할까요? 저는 크게 두 가지를 강조하고 싶습니다. 바로 '문제 버리기'와 '문제 분석하기'입니다.

문제 버리기

모의고사 문제를 모두 다 가져갈 필요는 없습니다. 강사들은 한 강의에서 보통 9회 이상의 모의고사를 출제합니다. 어디서 시험이 출제될지 모르니 지엽적인 문제가 나오기도 하고, 실제 시험에서 출제 가능성이 낮은 문제들도 포함되어 있습니다. 따라서 모의고사의 모든 문제를 전부 내 것으로 만들려고 하기보다는, 적절히 걸러내는 것이 필요합니다. 이때 필요한 것이 '문제 버리기' 전략입니다. 중요한 문제는 남기고, 중요하지 않은 문제는 과감히 버리는 것입니다. 문제 선별이 어렵다면 스터디를 통해 선별해도 좋습니다. 물론 선택의 문제이므로 버렸던 곳에서 문제가 출제되면 어쩔 수 없습니다. 하지만 시험이 가까워져 오는 시점이라면 선택과 집중이 필요하다는 점을 명심하기 바랍니다.

문제 분석하기

만약 모의고사를 풀 때 '문제 풀고, 답 확인하고, 점수 확인하고 끝!' 이렇게만 마무리한다면 모의고사를 절반도 활용하지 못한 것입니다. 여기에서 중요한 것은 '문제 분석'입니다. 내가 맞은 문제에 대해서는 간단한 점검이면 충분합니다. '답안에서 부족한 것은 없는지?', '답은 매끄럽게 작성하였는지?', '다른 풀이 방법은 없는지?' 정도만 확인해도 충분하다고 생각합니다. 그러나 틀린 문제에 대해서는 반드시 깊이 있는 접근이 필요합니다. 가장 표면적인 이유는 '왜 틀렸을까?'와 같은 원인 찾기겠지만 좀 더 자세히 들여다보면 다음과 같은 물음이 필요합니다.

'오개념은 없는지?'
'실수를 많이 하는지?'
'잊어버린 개념은 없는지?'
'특정 내용을 반복적으로 틀리지는 않는지'

이런 분석은 나의 약점을 구체적으로 파악할 수 있으며, 모의고사가 진행될수록 무언가 쌓이고, 단단해지는 느낌이 들게 될 것입니다.

네가 상상하는 모든 것이 현실이다.
_ 파블로 피카소

30

스터디 활용법: 요즘, 이런 스터디

스터디는 함께 모여 공부하는 것을 말합니다. 공부를 하다 보면, 스터디에 대한 고민은 다들 한 번씩 하게 됩니다. 단순히 혼자 공부를 할지, 스터디를 활용할지를 고민하는 것을 넘어 스터디 운영이나 방법 혹은 스터디 내부에서의 갈등까지도 고려하게 되지요. 결론부터 말씀드리면, 스터디는 꼭 참여하기 바랍니다. 스터디를 통해 얻을 수 있는 것들이 단점보다 훨씬 많기 때문입니다. 여기에서는 스터디에 대한 장단점은 물론, 스터디 유형과 운영 방법까지 다양한 관점에서 스터디에 대해 살펴보려고 합니다.

스터디의 장점

스터디의 장점은 첫 번째로 여러 사람과 생각을 나누며 공부할 수 있다는 점입니다. 혼자 공부할 때는 자신만의 방식에 갇혀 한쪽으로 생각이 치우치기 쉽지만, 스터디에서는 다양한 시각을 접할 수 있습니다. 나도 모르게 놓치고 지나가는 부분을 점검하거나, 오개념을 바로잡을 기회가 생기기도 합니다. 두 번째는 일정한 공부량을 지속적으로 유지할 수 있다는 점입니다. 혼자서 공부하다 보면 컨디션이나 일정에 따라 공부량이 들쭉날쭉하기 쉬운데, 스터디는 일정한 템포로 공부를 이어나가게 도와줍니다. 세 번째는 규칙적인 생활습관을 만드는 데 도움이 된다는 점입니다. 스터디는 혼자 하는 것이 아니므로 정해진 시간에 맞춰 생활하게 되고 학습 리듬을 안정적으로 유지할 수 있습니다. 특히 임용고시에 대한 정보가 부족한 경우, 스터디를 통해 다양한 정보를 빠르게 얻을 수 있다는 장점도 있습니다.

> **TIP** 평소 집중력이 떨어지는 시간을 스터디 시간으로 잡아 보세요. 규칙적인 공부 습관을 유지하는 데 큰 도움이 됩니다.

스터디의 단점

스터디는 단점이 있다기보다 스터디가 제대로 운영되지 않았을 때 생기는 어려움이 있습니다. 첫 번째, 좋은 스터디를 구하기가 어렵습니다. 좋은 스터디라고 하면 모든 구성원이 스터디에 책임감을 가지고 적극적으로 참여하는 스터디를 뜻합니다. 하지만 실제로 스터디 과제를 제대로 준비해 오지 않거나, 자주 지각하는 등 책임감이 부족한 구성원이 있는 경우가 많습니다. 이런 스터디는 효율도 떨어지고 오히려 시간 낭비가 될 수 있습니다. 두 번째, 스터디 자체를 불편해하는 분들이 있습니다. 대부분의 스터디는 모르는 사람과 스터디를 하게 되는데, 일부 선생님들은 이런 상황 자체를 어려워하는 경우가 있습니다.

스터디 방법

스터디 방법이 특별할 필요는 없습니다. 방법이 복잡하면 오히려 효율이 떨어지는 경우도 많습니다. 정해진 스터디 계획을 성실히 하는 것, 이것이 스터디의 기본이자 전부입니다. 따라서 스터디 방법보다는 분위기에 신경 쓸 필요가 있습니다. 예를 들어 어떤 과목의 문제를 풀어오는 스터디를 생각해 봅시다. 스터디가 기계적으로 '문제 → 답 → 문제 → 답'과 같이 진행된다면, 풀이를 그저 확인하는 것과 크게 차이가 없습니다. 하지만, 만약 자유롭게 의견을 나눌 수 있는 분위기가 형성되면 어떨까요? 자연스럽게 '어떤 과정을 거쳐서 문제를 풀 수 있었는지', '오개념은 없는지', '다른 풀이 방법은 없는지' 등을 이야기할 수 있게 됩니다. 대화의 과정을 통해 공부의 깊이는 자연스레 깊어질 수밖에 없습니다.

스터디 규칙 정하기

스터디에 대한 책임감을 높이고, 적절한 긴장감 유지를 위해서 규칙을 정해두는 것이 필요합니다. 예를 들어 '지각을 하면 어떻게 할 건지', '스터디 준비를 안 해오면 어떻게 할 건지', '서로 비방하지 않기' 등과 같은 기본적인 규칙을 정하는 것입니다. 규칙은 스터디원들과 회의를 통해서 첫 스터디 모임 때 OT 형식으로 논의하면 좋습니다. 명확한 규칙은 스터디의 지속성과 집중력을 높이는 데 큰 도움이 됩니다.

피해야 할 스터디

스터디가 잘 운영되면 공부에 큰 도움이 되지만, 그렇지 않은 경우도 생각보다 많습니다. 특히 새로운 스터디에 참여하거나, 스터디원을 모집할 때는 아래와 같은 유형의 스터디는 피하는 것이 좋습니다.

① 친목 중심의 스터디

스터디 시간에 개인적인 대화가 많고, 매번 스터디가 끝나면 술자리나 모임으로 이어지는 경우입니다. 특히 기존에 친한 사람들끼리 구성된 스터디에서 자주 발생합니다. 이런 경우 스터디 시간은 길어지고 계획한 내용을 마무리하지 못할 가능성이 큽니다. 적당한 친밀감은 좋지만, 공부에 방해가 될 정도의 친목은 피해야 합니다.

② 독단적으로 운영되는 스터디

스터디가 1~2명의 의견에 따라 일방적으로 운영되는 경우입니다. 구성원 사이의 균형 잡힌 소통 없이 특정 방식이나 방향이 강요된다면, 스터디의 본래 취지에서 벗어납니다. 스터디는 모든 구성원의 의견이 고루 반영되어야 의미가 있습니다.

③ 책임감이 부족한 스터디

계획한 과제를 제대로 해오지 않거나, 반복적인 지각과 무단결석하는 구성원이 있는 경우입니다. 이러한 스터디는 구성원 모두의 동기와 집중력을 떨어트릴 수 있습니다. 물론 지역에 따라 스터디를 구하기 어려워 대안이 없는 경우도 있지만, 맞지 않는 스터디는 과감히 나올 필요가 있습니다. 나오기가 힘든 상황이라면 스터디의 문제점에 대해 적극적으로 의견을 공유하고, 스터디 규칙이나 운영 방법 등을 다시 논의할 필요가 있습니다. 오프라인 스터디가 어렵다면 온라인 스터디를 고민해 볼 수도 있습니다.

스터디 종류

요즘에는 단순히 공부 중심의 스터디를 넘어 생활관리, 공부 습관과 같이 다양한 형태의 스터디가 등장하고 있습니다. 특히 최근에는 스마트폰 앱을 활용한 스터디도 활발히 운영되고 있습니다. 여기에서는 다양한 스터디 유형에 대해서 살펴보려고 합니다. 가볍게 구경하는 마음으로 나에게 맞는 스터디를 찾아보면 좋겠습니다.

○ **어떤 내용을 스터디할까?**
어떤 내용을 가지고 스터디하는지에 따라 종류를 나눌 수 있습니다.

> 기출 분석을 하는 스터디라면 '기출 분석 스터디'
> 교육학 공부를 하면 '교육학 스터디'
> 전공 공부를 하는 스터디는 '전공 스터디'

이외에도 공부하는 내용에 따라 교과교육론 스터디, 서브 전공 스터디,

메인 전공 스터디, 모의고사 스터디, 7~8월 문풀 스터디 등이 있습니다.

한편, 전공 내용이 중심이 아닌 생활 스터디도 많아졌습니다. 생활 스터디란 '기상 인증', '공부 시간 인증', '착석 인증'처럼 생활 전반에 걸쳐 공부 습관에 강제성을 부여해 주는 스터디로 시험을 준비하며 적절한 긴장감을 주는 역할을 합니다. 생활 스터디와 관련한 스터디들은 뒤에서 좀 더 자세히 다루도록 하겠습니다.

○ 어떤 방법으로 스터디를 할까?

일반적으로 하는 스터디라고 하면 스터디원들이 모여 서로 공부해 온 것들에 관해 이야기 나누는 것을 생각할 수 있습니다. 하지만 이외에도 기발한 스터디 방법들이 있습니다.

① 전화 스터디

서로 전화를 하며 자신이 외운 것을 서로에게 이야기하는 스터디 형태입니다. 교육학이나 교과교육론 스터디를 할 때 많이 사용합니다. 일종의 하브루타 공부 방법이라고 볼 수 있습니다.

② Q&A 스터디

공부하면서 생긴 질문을 실시간으로 공유하고, 서로 답변하는 형태의 스터디입니다. 카카오톡 오픈채팅방 등 온라인을 중심으로 운영되며, 지정된 날짜나 시간을 고정해 두고 진행하기보다는 상시로 진행되는 경우가 많습니다.

③ 첨삭 스터디

공부한 내용을 올리고 서로 첨삭을 해주는 형식의 스터디입니다. 보통 문제 풀이 중심으로 스터디가 진행되며, 과제를 올리면 다른 스터디원이 피드백을 주는 방식으로 운영됩니다.

④ 백지 쓰기 스터디

백지에 공부한 내용을 정리해 공유하는 스터디 방식입니다. 백지에 공부한 내용을 적는다는 것이 쉽지 않지만, 거꾸로 말하면 백지에 내가 공부한 내용을 쓸 수 있다면 그만큼 공부가 잘되어 있고, 구조화가 잘 되어있다고 할 수 있습니다. 백지 쓰기의 내용은 하루 동안 공부한 내용을 전체적으로 써보거나, 일정 범위를 정해두고 암기하는 용도로 많이 활용합니다. 오프라인 스터디는 단독으로 백지 쓰기만 하기보다는 스터디가 시작하기 전후에 짧게 진행하는 경우가 많습니다. 온라인 스터디로 활용할 때는 기상 인증용이나 자기 전 하루 공부한 내용을 정리하는 방식으로 공유합니다.

⑤ 마인드맵 & 구조화 스터디

백지 쓰기의 한 맥락이라고 보면 되겠습니다. 공부한 내용을 마인드맵으로 그리면서 정리하거나, 전공 개념들의 관계를 생각해 보고 정리하는 구조화 작업을 하는 방식입니다. 아무것도 보지 않고 백지에 쓸 수도 있지만, 책을 보면서 내용을 구조화하거나 마인드맵을 그리는 것도 좋습니다.

⑥ 매일 ○○개 문제 풀기 스터디

매일 정해진 개수만큼 문제를 풀어 인증하는 형태의 스터디입니다. 공부해야 하는 과목이 많다 보니 여러 과목의 감을 잃지 않기 위해 주로 하는 스터디입니다. '매일 과목별 한 문제씩 풀기'나 '매일 서브 전공 한 문제씩 풀기', '매일 ○○과목 ○○개 문제 풀기'와 같은 형태로 많이 진행됩니다. 대부분 온라인 인증 형태 스터디입니다.

⑦ 짝 스터디

2인으로만 구성된 소규모 스터디입니다. 여러 명이 스터디를 하기 어려운 상황이라 짝 스터디를 하는 경우도 있지만, 시간이나 장소 등의 제약에 자유롭다는 장점 때문인지 짝 스터디 자체를 선호하는 선생님들도 많습니다. 대신 전공 내용으로 공부하기에는 두 명이 다소 부족할 수도 있으니 아직 전공에 대한 기초가 잘 잡혀있지 않는 경우라면 지양하는 것이 좋습니다. 꼭 전공 내용만 가지고 스터디를 하는 것이 아니라 생활 스터디처럼 진행하는 경우도 많습니다.

⑧ 인강, 직강 복습 스터디

직강을 듣는 경우나 인강을 듣고 혼자서 복습하기 어려운 경우가 있습니다. 이때 많이 하는 것이 복습 스터디입니다. 직강 같은 경우는 강사마다 약간 차이는 있지만, 학원에서 직접 스터디를 구성해 주는 경우도 있습니다. 그렇지 않다면 커뮤니티를 통해 인강 및 직강 복습 스터디를 구합니다.

⑨ 인증 스터디

자신이 한 행동을 사진이나 동영상으로 촬영해 인증하는 스터디 형식입니다. 공부한 내용을 인증하는 것은 물론, 생활 습관 전반에 관한 내용도 포함됩니다. 대표적인 예시를 몇 가지 소개합니다.

기상 인증 스터디

정해진 시간까지 기상했다는 것을 인증하는 스터디입니다. 내가 공부하는 공간을 촬영한 사진으로 인증하며, 촬영 시간과 날짜가 표시 가능한 앱을 함께 사용합니다. 카카오톡이나 백지 쓰기 인증 등 다양한 방식으로 진행됩니다.

착석 인증 스터디

내가 공부하는 장소에 도착했다는 것을 인증하는 스터디입니다. 기상 인증 스터디 용도로 사용하기도 하며 아침·점심·저녁 등 시간대를 나누어 착석 인증을 진행하는 경우도 많습니다.

공부 시간 인증 스터디

하루 동안 공부한 시간을 기록하고 공유하는 스터디입니다. 단순히 각자 공부한 시간을 올리고 서로 자극을 받는 형태부터, 정해진 시간을 달성해야 하는 형태 등 다양한 형태로 운영됩니다.

⑩ 앱 활용 스터디

스마트폰 사용이 일상화되면서, 다양한 앱을 활용한 스터디도 활발하게 운영되고 있습니다. 대표적인 몇 가지 예시를 가지고 왔습니다.

캠 스터디

최근에 가장 활발히 사용되고 있는 형태로 동영상을 활용한 스터디 형태입니다. 온라인 화상 스터디 형태로 진행되기도 하지만, 내가 공부하고 있는 장면을 영상통화 형식으로 생중계하며 서로 동기 부여를 하기도 하고, 내가 공부한 장면을 스톱워치와 함께 촬영하여 공부 시간을 인증하는 형태로 사용하기도 합니다. 유튜브 라이브, 웨일 온, 줌 등을 활용합니다.

밴드 스터디

네이버 앱인 밴드(band) 앱을 활용한 스터디입니다. 밴드는 사진 파일을 전송하기 편하고, 개인이 올린 것들을 손쉽게 확인할 수 있습니다. 각종 인증 스터디 용도로 활용하기도 하고 Q&A 스터디, 첨삭 스터디뿐만 아니라 일반 스터디 용도로도 많이 활용합니다.

핸드폰 방지 스터디

공부를 하다가 잠깐 핸드폰을 본다는 것이 한두 시간은 훌쩍 지나가는 경험이 한 번쯤은 있을 겁니다. 그래서 최근에 종종 보이는 스터디가 바로 핸드폰 방지 스터디입니다. 내가 핸드폰을 사용하지 않는 시간을 측정해 주는 앱을 활용하여 인증하는 형태입니다.

최근에는 스터디도 다양화되고, 세분화되는 것 같습니다. 스터디는 결국 나의 부족한 부분을 채우는 도구입니다. 나의 공부 환경이나 습관 등을 잘 살펴보고, 부족한 부분을 채워 줄 수 있는 스터디를 찾아보는 것은 어떨까요?

> 많이 보고, 많이 겪고, 많이 공부하는 것은
> 배움의 세 기둥이다.
> _ 벤자민 디즈라엘리

31

효과적인 공부를 위한 단권화 노트

시험을 준비하다 보면 교과마다 읽어야 할 전공 서적이 상당히 많습니다. 전공서를 모두 들고 다니기도 어렵고, 공부한 내용을 정리하려고 하면 공간이 부족하거나 가독성이 떨어지는 경우도 많습니다. 이런 어려움을 해결하기 위해 활용하는 것이 단권화 노트(또는 서브 노트)입니다.

단권화 노트란 전공과 관련된 핵심 내용을 정리한 노트로, 필요한 부분만 뽑아 담기 때문에 휴대가 편리하고, 여러 내용을 한데 모아볼 수 있다는 장점이 있습니다. 단순히 기본서 요약에 그치지 않고 연습 문제, 문제 풀이, 모의고사에서 알게 된 내용을 함께 정리합니다. 이렇게 차곡차곡 정리하다 보면 나중에는 기본서를 거의 보지 않아도 될 만큼 충실한 학습 자료가 됩니다.

> **TIP** 단권화 노트를 만들기로 마음먹었다면 되도록 일찍 시작하는 것이 좋습니다. 오랜 시간 축적된 단권화 노트일수록 내용이 탄탄하고 활용도가 높습니다. 태블릿을 활용한 단권화 노트를 만드는 것도 좋은 방법이 될 수 있습니다.

단권화 노트 작성 시 유의점

단권화 노트를 작성할 때는 몇 가지 유의해야 할 점이 있습니다. 첫째, 생각보다 많은 시간이 듭니다. 전공에 있는 모든 내용을 노트에 정리하다 보니 시간이 오래 걸릴 수밖에 없습니다. 정리하면서 공부가 되기도 하지만, 정리 자체가 공부를 대신하지는 않습니다. 노트 제작을 위한 적절한 시간 관리가 필요합니다. 둘째, 만들어 두고 단권화 노트를 활용하지 않는 경우입니다. 단권화 노트를 만들어 두고 고이 모셔두는 경우가 있습니다. 만약 내가 정리한 자료를 잘 보지 않는다면, 굳이 단권화 노트를 만들기보다는 차라리 기본서에 내용을 정리하는 것이 현명한 방법일 수 있습니다. 무조건 단권화 노트를 만들어야 한다는 강박보다는, 자신의 학습 스타일에 맞는 방식의 접근이 필요합니다.

단권화 노트 작성 예시

저는 바인더 공부법을 활용해 단권화 노트를 만들었습니다. 단권화 노트 내용뿐만 아니라 기출문제, 전공 공부 계획 등도 모두 한 권의 바인더에 정리했습니다. 시간이 오래 걸리긴 했지만, 나중에는 바인더 한 권만 들고 다녀도 충분할 만큼 저만의 필살기가 되었습니다. 바인더 공부법은 뒤에서 자세히 설명하겠습니다. 만약 단권화 노트를 만들 시간이 촉박하거나, 제작 과정이 부담스럽다면 강사 자료 혹은 합격자들의 자료를 참고해 단권화 자료로 활용할 수 있습니다. 자료를 모두 단면으로 출력한 후, 뒷면의 빈

곳에 내용을 추가하는 방식입니다. 이러한 방식은 시간을 효과적으로 관리할 수 있고, 효율을 높일 수 있습니다.

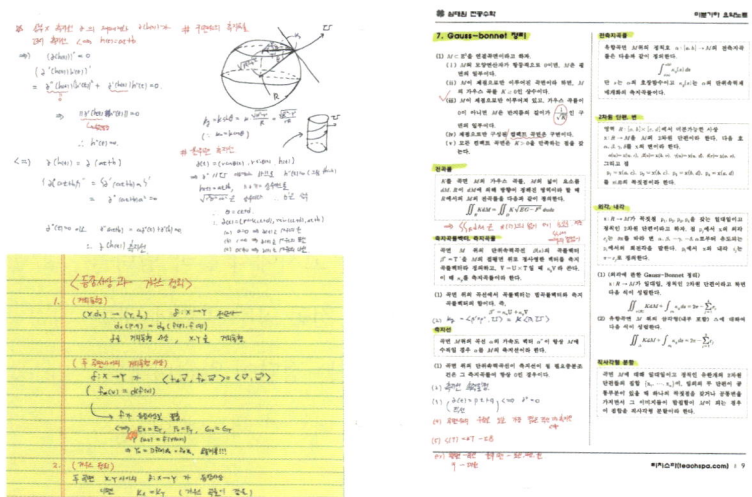

단권화 노트 예시

교육의 위대한 목표는 앎이 아니라 행동이다.
_ 허버트 스펜서

32

공부 방법에도 기술이 필요합니다

    전공 공부는 어떻게 해야 할까요? 임용고시에서 결국 당락을 결정짓는 가장 큰 요소는 전공 점수입니다. 그만큼 전공 공부 방법에 대한 고민도 깊을 수밖에 없습니다. 하지만 공부 방법에는 정답이 없습니다. 사람마다 환경이 다르고, 과목에 따라 공부 스타일이 다르기 때문에 한 가지 방식이 모두에게 통한다고 보기는 어렵습니다. 다양한 공부 방법을 시도해 보고, 그중 나에게 맞는 방식을 골라 조금씩 조정해 나가는 방식을 추천합니다. 중요한 것은 효율적으로 공부하는 것이지, 누군가의 공부 방식을 그대로 따라가는 것은 아니니까요. 이 글에서는 제가 실제로 활용했던 공부법들을 소개하고자 합니다. 소개된 방법들을 하나씩 읽어본 후, 마음이 가는 것부터 시도해 보기 바랍니다.

바인더 공부법

시험을 준비하면서 사용한 바인더

바인더 공부법이란 특정 과목과 관련된 공부 자료를 바인더 한 권에 모두 정리하는 방식입니다. 겉보기에는 단순하고, 투박해 보이지만 실제로는 매우 효과적인 방법입니다. 저는 과목별로 각각의 바인더를 만들어 활용했으며, 단순히 자료를 모으는 데 그치지 않고 '어떤 내용을', '어떻게 정리할 것인지'에 집중했습니다.

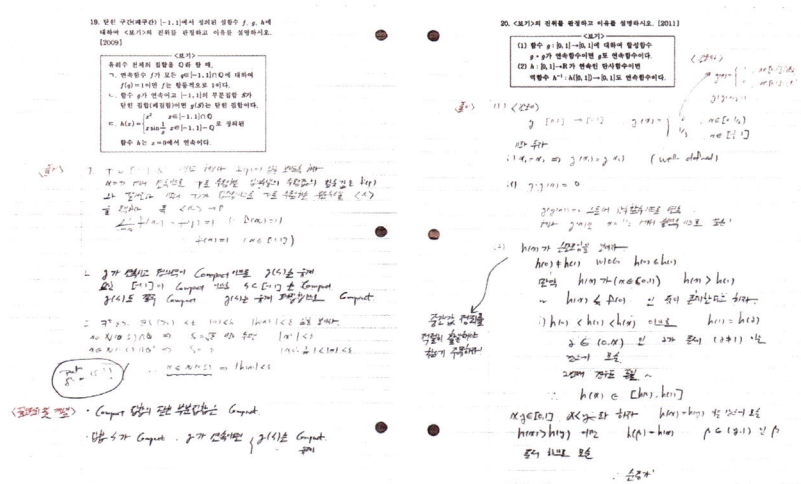

바인더 공부법 예시(기출 분석)

○ 어떤 내용을 담아야 할까?

바인더에는 어떤 내용이 들어가면 좋을까요? 전공과 관련된 모든 자료를 다 넣을 수도 있겠지만, 그러다 보면 부피가 커지고, 무거워지기 마련입니다. 당연히 휴대가 불편하고, 가독성도 떨어질 수밖에 없습니다. 반대로 핵심적인 내용만 넣으면 바인더 공부법의 장점이 약화됩니다. 중요한 것은 '적절한 양'과 '양질의 내용'을 선별하는 것입니다.

제가 선별한 내용입니다. 물론 이 목록 또한 한 가지 예시일 뿐입니다. 추가하거나 제외해도 괜찮습니다.

○ **어떻게 활용해야 할까?**

바인더는 '정리'보다 '활용'이 더 중요합니다. 정리만 해두고 보지 않는다면 만들 의미가 없습니다. 바인더는 정리하는 데 많은 시간과 에너지가 들어가므로, 활용 의지가 없다면 굳이 만들 필요는 없습니다. 바인더를 잘 활용하려면, 공부하면서 새롭게 알게 된 내용을 수시로 추가하고 헷갈리는 내용은 자주 꺼내 보며 보완하는 습관이 필요합니다. 기본서를 회독하기 시간이 촉박할 때는, 바인더를 1회독 하는 것도 좋습니다.

○ **바인더 고르는 법**

바인더는 링의 종류에 따라 크게 O링과 D링으로 나뉩니다. 링 모양이 O모양이면 O링 바인더, D 모양이면 D링 바인더입니다. D링은 O링에 비해 좀 더 많은 양을 보관할 수 있지만, 종이 넘김이 좋지 않아 사용하기 불편합니다. O링이 보관할 수 있는 양은 적더라도 종이 넘김이 좋아 공부용으로 적합합니다. 사용하려는 목적에 맞게 링의 종류를 결정하길 바랍니다.

> **TIP** 바인더 링의 종류는 좀 더 다양하지만 주로 사용하는 바인더가 D링과 O링이다 보니 나머지 링은 바인더 종류가 많지 않습니다. 많은 양의 내용을 보관하는 용도로 파이프 바인더를 사용하기도 합니다.

바인더 재질은 크게 플라스틱, 종이 합판이 대표적입니다. 플라스틱은 얇고 안정감이 떨어지는 경우가 많으며, 종이 합판은 더러워지기 쉽고, 내구성이 떨어집니다. 플라스틱 재질인 바인더를 사용할 거라면 두꺼운 플라스틱 재질로 만들어진 바인더를 사용하는 것이 좋고, 종이 합판 재질 바인더는 겉면이 코팅 처리가 되어있는 바인더를 사용하는 게 좋습니다.

> **TIP** 바인더를 구매할 때 보통 cm 단위로 길이가 표시되어 있습니다. 이것은 바인더 폭의 길이입니다. 정리해야 하는 내용이 많다면 3cm 이상, 보통이라면 2.5cm~3cm가 적당합니다.

○ **3공 vs 30공**

링이 3개가 있으면 3공, 링이 30개가 있으면 30공입니다.(2공이나 20공은 대부분 A5 크기입니다.) 3공 바인더는 30공에 비해 구멍 뚫기가 편해 사용하기 편합니다. 대신 종이를 넘기거나 보관할 때의 안정감이 떨어집니다. 또 구멍이 뚫려있는 부분이 찢어지기 쉬워 그때그때 보수를 해줘야 합니다. 이에 반해 30공의 장점은 안정감입니다. 구멍이 몇 개 찢어졌다고 크게 문제가 되지도 않고 종이 넘김도 좋습니다. 대신 구멍을 뚫는 작업에 상당한 정성이 필요하며, 30공 펀치의 가격은 꽤 비싼 편입니다. 3공과 30공 중에 어떤 것이 더 좋다고 하기는 어렵습니다. 대신 사용하기 간편한 것을 원한다면 3공 바인더를, 안정감 있는 사용을 원한다면 30공 바인더를 추천합니다. 구멍 뚫는 것이 귀찮다면 속지를 구매하는 것도 좋습니다.

인덱스 카드 공부법

하루를 보내다 보면 '버스를 탈 때', '지하철 탈 때', '밥이 나오기를 기다릴 때', '화장실에 있을 때'처럼 의외로 자투리 시간이 많습니다. 평소에는 노래를 듣거나, 책을 읽거나, 멍하니 보내기도 하겠지만, 임용고시라는 시험을 앞둔 시점에서 이러한 시간은 무척 아깝게 느껴집니다. 이럴 때 유용하게 활용할 수 있는 방법이 바로 '인덱스 카드 공부법'입니다.

방법은 간단합니다. 인덱스 카드 앞면에는 외우고자 하는 개념을, 뒷면에는 그에 대한 설명을 씁니다. 들고 다니며 앞면의 개념을 보고 스스로 설명해 보거나, 머릿속으로 떠올려본 뒤 잘 기억이 나지 않으면 뒷면의 설명을 확인합니다. 반대로 뒷면의 설명을 보고 앞면의 개념을 떠올리는 방식으로도 활용할 수 있습니다. 겉보기에는 단순해 보이지만, 아무 메모지에 공부 내용을 적어 들고 다니는 것보다 훨씬 효과적입니다. 특히 개념 단위로 정리할 수 있어 짧은 시간에도 활용도가 높고, 휴대도 간편합니다.

> **TIP** 개념이나, 설명은 되도록 간결하게 작성하는 것이 좋습니다. 생각이 잘 나지 않을 때는 곧바로 답을 확인하기보다는, 고민해 보는 시간을 가지는 것이 효과적입니다. 누군가한테 직접 설명하듯이 말로 표현해 보는 연습도 큰 도움이 됩니다.

인덱스 카드 앞면   인덱스 카드 뒷면

청킹

   청킹은 암기해야 할 정보를 의미 있는 단위로 묶어 기억력을 높이는 방법입니다. 사람은 보통 한 번에 7~8개의 정보를 기억할 수 있는 것으로 알려져 있습니다. 그런데 우리는 전화번호나, 주민등록번호처럼 더 많은 숫자도 쉽게 기억합니다. 예를 들어 전화번호는 '010-1234-5678'은 11자리지만, 010/1234/5678처럼 우리의 뇌가 전화번호를 11개가 아니라 3개의 대상으로 나눠서 기억하기 때문에 어렵지 않게 암기할 수 있는 것이죠. 이처럼 대상을 덩어리로 묶어서 기억하는 방식이 청킹입니다. 공부를 하다 보면 암기해야 할 내용이 많기 때문에, 청킹은 이런 상황에서 효율적인 암기 전략이 될 수 있습니다. 외워야 하는 내용의 앞글자를 따서 암기하는 두문암기법과 청킹을 연결하여 암기하는 분들도 많습니다. 외워야 하는 대상을 이용해 자연스러운 문장을 만들고, 그 문장을 암기하는 방식입니다. 실제 예시를 통해 살펴보면 좋을 것 같아 블로그에서 청킹과 관련된 내용을 연재하시는 '주경야독(인스타그램 @day_n_night_study)'님의 글을 인용해 보려고 합니다.

수학교육론의 '딘즈의 개념학습원리'에는 '구성/지각적 다양성/수학적 다양성/역동성'이라는 네 가지 요소가 나옵니다. 이것을 다음 문장으로 바꾸어서 암기하는 것입니다.

"딘즈야, 구지(굳이) 수학이랑 역사를 싫어해야겠니?"

여기서 구는 구성을, 지는 지각적 다양성, 수학은 수학적 다양성, 역은 역동성을 설명하고 있습니다. 처음에는 청킹 내용을 만드는 과정이 번거롭고 귀찮을 수 있지만, 한 번 만들어 두면 반복 학습과 회독에 효과적이며 암기 부담을 줄이는 데 강력한 도구가 됩니다.

마인드맵

마인드맵이란 생각의 지도란 뜻으로 내가 생각한 것을 시각화해서 표현하는 것을 뜻합니다. 핵심 개념을 중심으로 관련 개념을 연결하며 구조화하는 것이 핵심입니다. 이미 잘 알려진 방법이지만, 의외로 실제로 공부에 적용해 보면 과연 이것이 도움이 되는지 의문이 들기도 합니다. 저도 비슷한 고민을 가지고 있었습니다. 단순히 개념을 나열하는 것 정도로 마인드맵을 받아들이다 보니 공부의 효과에 대해 의구심이 있었고, 시간 낭비라는 생각이 들었습니다. 하지만 여러 시행착오 끝에 마인드맵이 단순히 정리를 넘어 개념 간의 구조를 이해하는 데 매우 효과적인 방법임을 깨달았습니다.

○ 마인드맵

예를 들어, '어떤 차를 사야 할까?'라는 주제로 마인드맵을 그려본다고 해봅시다. 많은 분이 아래와 같은 형태를 떠올릴 겁니다. 얼핏 보면 그럴듯한 마인드맵처럼 보이지만, 실제로는 단순한 개념 나열에 그치는 경우가 많습니다. 물론, 이러한 방식도 의미가 없는 것은 아니지만, 마인드맵의 본래 목적과는 거리가 있습니다.

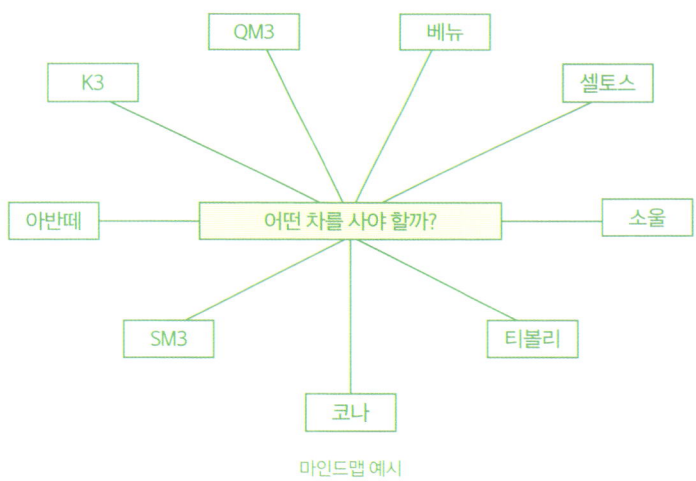

마인드맵 예시

마인드맵의 핵심은 개념을 '구조화'하는 것입니다. 각 개념을 단순히 늘어놓는 것이 아니라 어떻게 분류하고, 어떻게 연결 지을지 고민하는 과정 자체에서 학습이 이루어집니다.

○ 마인드맵을 어떻게 그려야 할까?

① 핵심 개념과 하위 개념 추출하기
　마인드맵 그리기의 첫 단계는 마인드맵 전체의 중신이 되는 핵심 개념을 정합니다. 이후 이 개념과 관련된 하위 개념을 자유롭게 떠올려 봅니다. 브레인스토밍하듯이 적어 내려가는 것이 좋습니다. 필요하다면 이때 전공 책을 참고해도 좋습니다.

② 구조화 방식 고민하기
　하위 개념이 어느 정도 정리되었다면, 이제는 이것들을 어떻게 묶고 분류할지 고민해야 합니다. 예를 들어, '공통점이나 차이점을 기준으로 나눌 것인지', '주제별로 묶을 것인지', '시간 순서대로 배열할 것인지' 등을 고려해 개념 간 관계를 정리해 볼 수 있습니다.

③ 본격적으로 그리기
　핵심 개념과 구조화 방식이 결정되었다면 이제는 마인드맵을 그리기 시작합니다. 처음부터 완벽하게 완성하려고 하기보다는, 여러 번 반복해 그리며 수정하고 보완해 나가는 과정에서 더 많은 학습이 이루어집니다.

④ 개념 간 관계 연결하기
　마지막은 개념 간 관계를 시각적으로 표현하는 것입니다. 화살표나, 보충 설명문, 차이점, 공통점 등을 추가해 내용을 정리하는 방식입니다. 필수 사

항은 아니지만, 개념을 전체적으로 정리하고 이해하는 데 도움이 됩니다.

⑤ 예시

앞서 제시된 '어떤 차를 사야 할까?'라는 주제의 마인드맵을 다시 정리해 보았습니다.

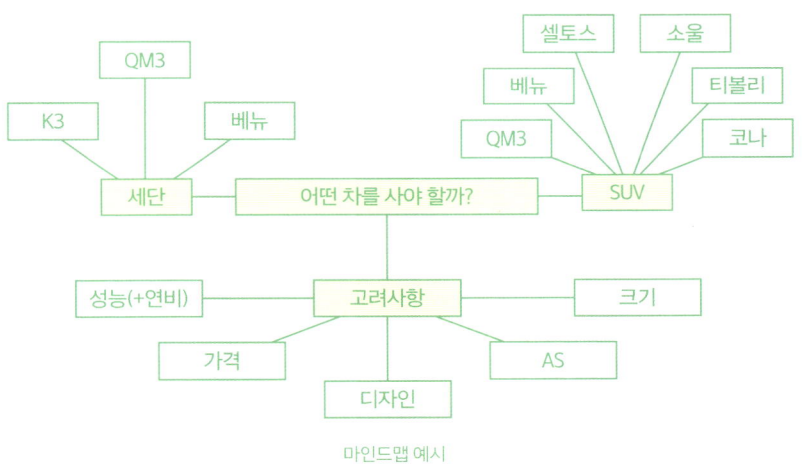

마인드맵 예시

기존보다 정보가 구조화되어 정돈된 모습을 확인할 수 있습니다. 여기에 각 차종의 장단점, 차량 간 비교 요소 등이 추가된다면 더 풍부한 자료가 될 수 있습니다. 화살표나 보조 설명을 추가해도 좋고요. 이런 방식으로 마인드맵을 정리하면 단순히 정보를 나열하는 데 그치지 않고, 자료를 한눈에 비교하여 원하는 정보를 손쉽게 파악할 수 있도록 도와줍니다. 동시에 내용에 대한 이해가 깊어지는 효과를 기대할 수도 있습니다.

○ 효과적인 마인드맵을 위한 Tip

① 너무 많은 내용은 No!

마인드맵은 단권화 노트가 아닙니다. 핵심 개념을 구조화해 한눈에 보기 쉽게 정리하는 것이 목적입니다. 너무 많은 내용이 포함되면 오히려 가독성이 떨어지고, 마인드맵의 본래 기능이 퇴색됩니다. 꼭 필요한 내용만 추려서 간결하게 정리하는 것이 좋습니다.

② 예쁘게 그리려고 하지 말자!

마인드맵을 만들다 보면 예쁘게 만들고 싶은 욕구가 생깁니다. 색을 다양하게 쓰거나 글씨를 예쁘게 꾸미는 데 집중하기 쉽습니다. 하지만 '얼마나 보기 좋게 만들었는가'는 우리의 목표가 아닙니다. '어떤 내용을 담고 있고, 어떻게 구조화했는가?'를 생각하며 마인드맵을 만들기 바랍니다.

③ 마인드맵 프로그램 이용하기

마인드맵을 직접 만드는 것이 부담스럽다면 마인드맵 프로그램을 활용할 수 있습니다. 다만 프로그램의 자유도가 손으로 그릴 때보다 떨어지는 점이 있으니, 컴퓨터로 기본 틀만 작성한 뒤에 수기로 보완하는 방식도 좋은 대안입니다.

> **TIP** 최근 마인드맵 프로그램에는 AI 기능을 이용할 수 있는 경우가 많습니다. AI를 이용해 초안을 작성한 뒤, 나머지 부분을 정리한다면 시간을 조금 더 효율적으로 사용할 수도 있습니다. 글 분류를 AI에게 시킨 뒤, 해당 내용을 중심으로 마인드맵을 그릴 수도 있습니다.

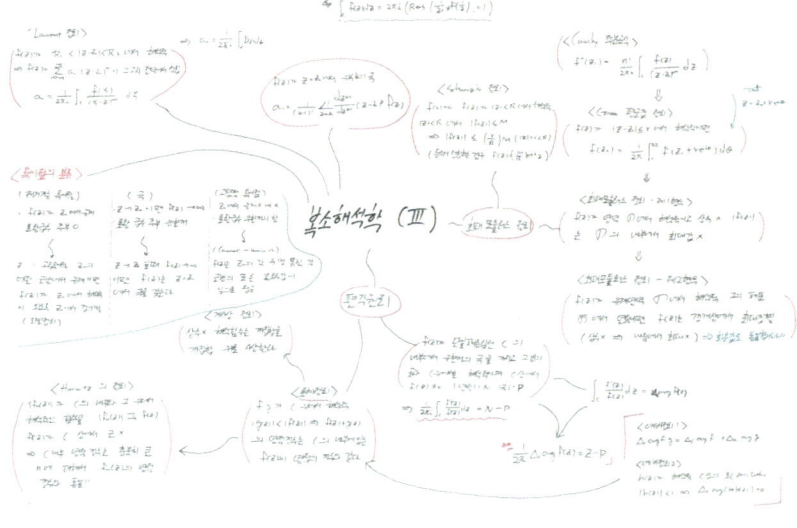

마인드맵 예시

뽀모도로 공부법

뽀모도로란 이탈리아어로 '토마토'라는 뜻입니다. 이 공부법은 토마토 모양의 요리 타이머에서 착안한 공부 방법으로, 일정 시간 동안 집중하고 짧게 쉬는 과정을 반복하는 것이 핵심입니다. 방법은 간단합니다.

25분 공부 + 5분 휴식 = 1뽀모

25분 동안 집중해서 공부하고, 5분을 쉬면 1뽀모가 되는 것입니다. 구글에서 이 뽀모도로 공부법을 적용했다고 해서 화제가 되기도 했습니다. 보통 4뽀모(2시간)를 하고 추가로 30분을 쉬는 게 일반적인 방법입니다. 이 공부법의 핵심은 '강제적인 휴식'입니다. 반드시 쉬는 시간을 갖도록 하여 번 아웃을 예방하는 목적입니다. 또한, 25분이라는 제한된 공부 시간으로 인해 집중력을 끌어 올리고, 적당한 긴장감을 유지하게 도와줍니다. 물론, 25분/5분이라는 규칙을 꼭 따를 필요는 없습니다. 30분/10분처럼 본인의 리듬에 맞춰 조절해 보는 것도 좋습니다.

> **TIP** 뽀모도로 공부법의 시간을 직관적으로 알려주는 유튜브 영상과 앱들이 있으니 참고 바랍니다. timetimer 같은 제품을 사용하는 것도 좋습니다.

스톱워치 공부법

스톱워치 공부법은 내가 순수하게 공부한 시간을 스톱워치를 이용해 기록하는 공부 방법입니다. 공부 시간을 수치로 객관화할 수 있기 때문에, 하루 동안 얼마나 공부를 했는지를 정확히 파악할 수 있습니다. 이 방식은 목표 공부 시간을 설정하고 이를 채우는 데 효과적이며, 공부의 집중하는 시간을 유지하는 데 도움이 됩니다. 단, 공부 시간만을 지나치게 의식하면 오히려 비효율적인 공부가 될 수 있으니 시간보다는 내용의 질에 주의를 기울여야 합니다.

> **TIP** 스톱워치는 핸드폰 스톱워치를 쓰기도 하지만, 별도의 물리식 스톱워치를 구매해 직관적으로 확인하는 것도 좋습니다. 드레텍 스톱워치를 많이 사용합니다.

33

교육과정, 무엇을, 어떻게, 왜?

임용고시에서는 교육학, 전공, 교과교육론 외에도 교육과정이 반드시 출제됩니다. 매년 빠지지 않고 출제되는 영역임에도 불구하고, 교육과정이 출제되는 것 자체를 모르는 경우가 의외로 많으며, 어떻게 공부해야 할지 막막해하는 분들도 많습니다. 교육과정은 변화 과정이나 중점사항 등도 알아두면 좋지만, 실제로 자주 출제되는 부분은 '교수·학습 방법 및 유의사항', '평가 방법 및 유의 사항'입니다. 가끔 내용 체계표의 요소가 출제되기도 합니다.

출제 경향을 보면 교육과정이 단독으로 출제되는 경우는 많지 않으며, 교과교육론 내용과 연결되어 함께 출제됩니다. 교육과정 원문은 한국교육과정평가원과 NCIC 국가교육과정정보센터 사이트에서 열람 및 다운로드 할 수 있습니다.

교육과정 공부 방법으로는 백지 쓰기를 많이 활용합니다. 단순 암기 영역이기 때문에 자주 보고, 자주 써보는 것이 중요합니다. 암기할 때는 문구를 100% 그대로 외우기보다는 핵심 개념과 표현이 구체적으로 드러나도록 외우는 것이 실전에 더 유리합니다. 스터디 시작 전 시험 형식으로 풀어보는 연습을 하거나, 카드 형태로 정리하며 반복해 보는 방법도 좋습니다.

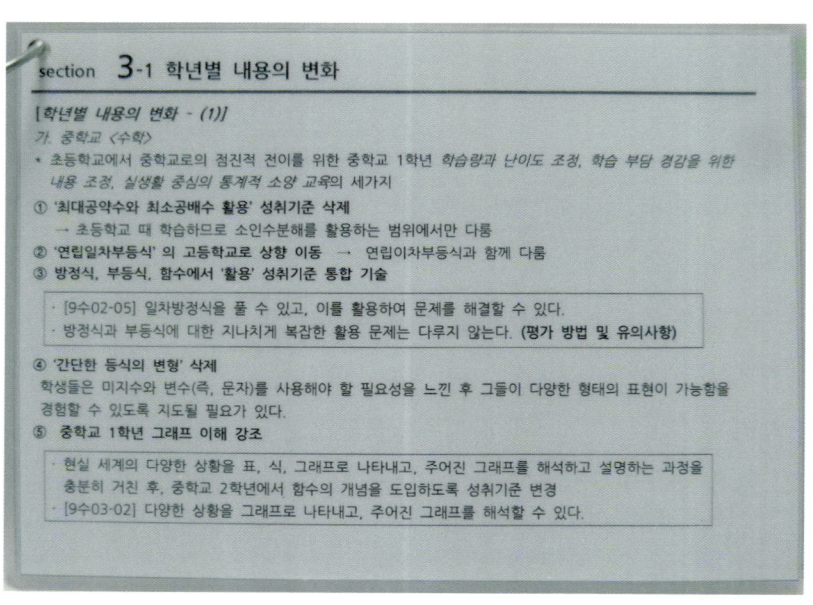

카드 형태로 정리한 교육과정 자료

> 신념이 깊은 확신이 되는 순간 위대한 일이 일어난다.
> _ 무하마드 아릴

34

공부 효율을 올려주는 '꿀' 앱

스캐너 앱

공부하다 보면 스캔할 일이 참 많습니다. 내가 공부한 것을 스캔하여 보관하는 경우도 있고, 온라인으로 스터디할 때는 공부 자료를 스캔해 업로드하는 경우도 많습니다. 하지만 대부분 가정에 스캐너가 없어 어려움을 겪곤 합니다. 이런 어려움을 해소할 수 있는 앱이 '스캐너 앱'입니다. 카메라로 사진을 찍듯이 촬영하면, 문서를 자동으로 인식해 스캔한 것처럼 깔끔하게 문서를 저장할 수 있습니다. 캠스캐너, vFlat 등을 주로 사용합니다.

캠스캐너   vFlat

메모 앱

공부한 내용을 정리하거나, 공부 계획을 기록하고 싶을 때 메모 앱을 활용하면 좋습니다. 굿노트, 원노트, 플렉슬, 노션 등 모두 좋았습니다. 직접 쓰면서 작성하고 싶다면 굿노트가 아무래도 양식이 다양해 사용하기 좋으며, PC로 작업할 경우 노션을 추천합니다.

노션   굿노트   플렉슬   원노트

구루미

구루미 앱은 서로 공부하는 장면을 공유할 수 있는 앱입니다. 공부 시간을 자동으로 기록해 주며, 누군가와 함께 공부할 수 있다는 느낌이 들어 긴장감과 동기 부여에 도움이 됩니다. 요즘에는 구루미 캠스터디 이외에도 유튜브 라이브와 같은 유사 플랫폼이 많이 있습니다.

구루미　　　유튜브

줌(Zoom)

오프라인으로 스터디하기 어려운 경우에는 온라인 스터디를 고민해 볼 수 있습니다. 줌은 원격으로 스터디를 진행할 수 있는 대표적인 화상회의 앱입니다. 화면 공유, 채팅, 녹화 등 다양한 기능을 제공하고 있으며 기본적인 기능은 무료로 사용할 수 있습니다. 하지만, 무료 버전의 경우 사용 시간이 제한되어 있으므로, 비슷한 기능의 네이버 웨일온을 고려해 보는 것도 좋습니다.

줌(zoom)　　　웨일온

열품타(열정 품은 타이머)

열품타

열품타는 공부 시간을 기록하고 분석할 수 있는 앱입니다. 공부 시간을 시각적으로 확인할 수 있으며, 다른 사람들과 함께 공부 시간을 공유할 수도 있어 동기 부여에 도움이 됩니다. 공부 시간 기록 이외에 다양한 부가 기능이 있습니다.

Forest

Forest

Forest는 스마트폰 사용을 방지하기 위한 앱입니다. 스마트폰을 사용하지 않으면 가상의 나무가 자라나는 방식입니다. 단순한 타이머 이상의 기능으로 스마트폰을 자주 사용하는 것이 걱정이라면 재미있게 사용할 수 있는 앱입니다.

Todoist

Todoist

Todoist는 체크리스트 앱입니다. 내가 해야 할 일 목록을 적어두고, 수행했을 때 체크해서 없애는 단순한 방식입니다. UI가 직관적이어서 사용하기 편리하며 날짜별 계획, 계획 알림, 우선순위 설정 등의 유용한 기능이 있습니다. PC에서도 사용할 수 있으며 빠른 동기화가 장점입니다. 공부 계획을 관리하는 데 효과적이며, 유사한 다른 체크리스트 앱을 사용해도 좋습니다.

> 공부벌레들에게 잘 해주십시오.
> 나중에 그 사람 밑에서 일하게 될 수도 있습니다.
> _ 빌 게이츠

에피소드 Ⅳ

"쫓기는 꿈"

오늘도 화들짝 놀라 잠자리에서 깨어났다.
나는 또 누구에게 쫓기고 있었던 걸까? 무엇 때문에 쫓기고 있었을까?

꿈을 유독 많이 꾸는 사람이 있다. 수면의 질이 좋지 않아서인지, 꿈을 잘 기억하는 것인지 잘 모르겠지만, 나는 그런 사람 중 하나다. 용이나 돼지가 나오는 꿈이라도 꾸면 로또라도 사러 가볼 텐데, 나를 지겹게 따라다니는 꿈은 누군가에게 '쫓기는 꿈'이었다.

꿈속에서 나는 늘 도망치고 있었다. 때로는 도심 속을 질주하기도 하고, 때로는 산속을 헤매기도 했다. 이유도 모른 채 나는 본능적으로 도망쳐야 한다는 생각에 사로잡혀, 숨이 턱 끝까지 차올라도 발걸음을 멈추지 않았다. 사실 숨이 차오르는 건 상상이었겠지만….

나를 쫓아오는 무언가로부터 어떻게든 도망쳐야 했다. 그리고 한참을 도망치다가 결국 도망칠 곳이 없어지거나, 잡힐 것 같은 순간 나는 놀라 잠에서 깨어났다.

처음에는 대수롭지 않게 생각했다. 잠에서 깼을 때 기분이 좋지 않았지만, 그저 많은 꿈 중 하나에 지나지 않는다고 생각했다. 하지만 비슷한 꿈이 잦아지니, 어느 순간 궁금해지기 시작했다.

나는 왜, 누구에게 쫓기고 있었을까?

나는 시험에 대한 압박감에 시달리고 있었다. 합격할 수 있을지, 이 길이 맞는 건지, 매일 밤 스스로에게 수없이 질문을 던졌다. 불확실한 미래에 대한 불안은 깊어만 갔고, 내가 쫓아다니던 물음표에는 어디에도 마침표가 존재하지 않았다. 그래. 아마 나는, 시험이라는 이름의 불안에 쫓기고 있었나 보다.

여전히 꿈을 많이 꾼다.
하지만 거짓말처럼 이제는 더 이상 누군가에게 쫓기지 않는다.
누군가 쫓아온다는 긴장감도, 잡히면 안 된다는 불안감도.

5장

놓쳐서는 안 될, 2차 시험

35

2차 시험, 무엇을 평가할까?

평가 항목

2차 시험은 1차 시험 합격자들을 대상으로 진행되는 시험입니다. 최종 합격은 1차 시험과 2차 시험의 접수를 합하여 결정됩니다. 2차 시험에서는 공통적으로 수업 실연과 심층 면접을 평가하며, 비교과의 경우 심층 면접만을 가지고 평가합니다. 2차 시험은 1차 시험과 달리 지역별 차이가 크기 때문에 응시하는 지역에 시험정보를 정확히 확인할 필요가 있습니다.

○ **수업 실연**

수업 실연은 실제 수업을 평가하며, 한 시간 수업을 20분 내외로 압축해 진행하는 마이크로 티칭 형태로 진행됩니다. 제시된 실연 조건을 시간 안에 수업해야 하며, 실제 학생들은 존재하지 않지만 학생들이 있다고 가정하고 수업을 진행합니다. 지역에 따라 수업 실연 이외에 지도안을 평가하는 지역이 있으며 경기도는 2026학년도 시험부터 수업 설계 역량을 평가하도록 신설되었습니다.

○ **심층 면접**

심층 면접은 교사로서의 자질, 전문성 등을 면접 형태로 평가하는 시험입니다. 일반적으로 구상형 3문제, 즉답형 1문제를 평가합니다. 시험은 평가자와 대화를 나누는 형태의 면접은 아니며 제시된 문제의 답을 구상실에서 고민한 뒤, 평가실에서 답변하는 방식입니다. 평가자는 별도의 피드백 없이 가만히 앉아서 답변 내용만을 듣고 평가합니다. 즉답형 문제는 평가실에서 문제를 확인한 뒤 바로 답변합니다.

시간 및 점수 배정

2차 시험의 평가항목별 시간과 점수 문항 수에 대해 정리했습니다. 지역에 따라 세부 사항은 다를 수 있습니다.

	수업 실연	심층 면접	지도안
시간	· 구상: 20분 · 실연: 20분	· 구상: 10분 · 실연: 10분 · 구상형: 3문제 · 즉답형: 1문제	· 시험시간: 60분
점수	· 일반: 50점 · 일반: 45점 ⇒ 지도안 지역	· 일반: 50점 · 비교과: 100점	· 일반: 15점 · 실기교과: 10점

시험 준비물

2차 시험 준비물은 1차 시험과 같습니다. 단, 정장을 입고 시험을 준비하기 때문에 시험 전 편하게 입을 옷이나 슬리퍼 등을 추가로 챙기면 좋습니다. 시험 중간에는 보통 지도서 요약본과 면접 책을 주로 봅니다. 또한, 1차 시험에 비해, 뒤 순서를 뽑으면 끝나는 시간이 굉장히 늦어질 수 있습니다. 점심뿐 아니라 중간에 먹을 수 있는 간식까지 넉넉히 준비해야 합니다.

유의 사항

지역별로 대기 시간 동안 서적 열람이 가능한 경우와 그렇지 않은 경우가 있습니다. 응시한 지역의 공지사항을 잘 확인해 불이익이 없도록 합니다. 또한, 정해진 입실 시간을 지켜야 하며, 수험표는 컬러로 출력해야 합니다.

> 어려운 직업에서 성공하려면 자신을 굳게 믿어야 한다. 이것이 탁월한 재능을 지닌 사람보다 재능은 평범하지만 강한 투지를 가진 사람이 훨씬 더 성공하는 이유다.
> _ 소피아 로렌

36

2차 시험 준비 꼭 해야 할까?

2차 시험의 높아진 비중과 변화

임용고시는 2차 시험에서만큼은 다양한 변화를 시도하고 있습니다. 지역별 특색에 맞게 수업 실연과 면접 이외에 새로운 것을 도입하기도 하며, 교육청 자체적으로 문제를 출제하는 경우도 많아졌습니다. 최근 합격자들을 관찰해 보면 예전보다 2차 시험 점수의 변별력이 커진 느낌입니다. 앞으로 이런 현상은 더욱 강화되리라 판단합니다. 따라서 이제는 1차 시험에서 월등하게 고득점을 맞지 않는 이상 1차 시험만으로는 최종합격을 전망하기 어려운 상황이 되었습니다. 반대로 커트라인으로 합격하더라도 마지막에 뒤집는 경우도 많아졌고요. 그만큼 1차 시험에 합격했다면 자신의 점수에 상관없이 2차 준비에 최선을 다해야 합니다.

내 점수와 커트라인은 정확할까?

2차 시험 준비를 망설이는 사람들의 이유는 대부분 생각한 만큼 1차 점수가 나오지 않았기 때문입니다. 그러나 내가 받은 점수와 커트라인은 과연 정확할까요?

○ **내 점수**

1차 시험의 점수는 보통 임용 커뮤니티에 올라온 사람들의 의견과 강사들의 답을 통해 추측합니다. 하지만 이것은 추측일 뿐 정확하다고 보기는 어렵습니다. 강사들 사이에서도 답이 갈리는 경우가 있으며, 어떤 부분에서 부분 점수를 받을 수 있을지는 오직 채점자의 영역입니다. 우리의 추측은 말 그대로 추측일 뿐이죠. 따라서 내 점수가 정확히 몇 점인지를 판단하는 것은 정말 어려운 문제입니다. 실제로 가채점 점수와 1차 점수의 차이가 큰 경우는 정말 많습니다.

○ **커트라인**

내 점수를 예상하는 것보다 어려운 것이 커트라인입니다. 1차 시험의 커트라인은 굉장히 역동적입니다. 몇 해는 일정한 커트라인을 유지하는 것처럼 보여도, 갑자기 높아지거나 떨어지는 등 어디로 튈지 알기 어렵습니다. 난이도와 커트라인이 항상 상관관계를 가지는 것도 아니고, 상대평가인 시험의 특성상 커트라인을 특정하기는 그만큼 쉽지 않습니다. 특히 임용 커뮤니티에 올라오는 커트라인은 일부 개인들의 의견일 뿐이기에 더욱 의미 없는 경우가 많습니다. 제 경험에 비추어 봤을 때, 커뮤니티에서 제대로 커트라인을 맞춘 경우를 거의 본 적이 없습니다.

선생님들의 채점 결과가 어떻게 나올지는 알 수 없습니다. 내가 예상했던 것보다 높을 수도, 낮을 수도 있습니다. 하지만 예상 점수보다 높다고 해서 합격하는 것도 아니고, 낮다고 해서 불합격하는 것도 아닙니다. 결코, 쉽게 판단할 수 있는 문제가 아니니까요. 결과를 너무 일찍 단정 짓고 포기하지 않았으면 좋겠습니다.

합격권이 아니어도 준비해야 한다

1차 시험 가채점을 한 뒤, 터무니없이 낮은 점수가 나오는 경우가 있습니다.(참고로 저는 초수 때 전공과락이었습니다.) 이럴 때 스스로 합격과는 거리가 멀다고 생각해 2차 시험 준비를 하지 않는 경우가 있습니다. 무조건 잘못되었다고 보기는 어렵지만, 떨어지더라도 2차 시험 준비는 반드시 해야 합니다. 여기에는 크게 두 가지 이유가 있습니다. 첫 번째는 이 시기에 딱히 할 것이 없다는 것입니다. 2차 준비를 하지 않는 선생님들은 보통 1차 시험 준비를 일찍 시작하려는 경우가 많습니다. 하지만 이것이 현실적으로 쉽지 않은 일입니다. 1년 동안 모든 걸 쏟아부은 이 시험이 끝난 상황에서 전공 책을 바로 다시 보기란 쉬운 일이 아닙니다. 오히려 2차 시험 준비를 조금씩 하면서 가볍게 1차 공부를 병행하는 것이 효과적일 것이라 봅니다. 대부분 2차 시험을 준비하다 보니 스터디를 구하기도 어렵고요. 두 번째는, 다음 시험을 위해서입니다. 임용고시는 시험을 포기하지 않는 이상 선생님들이 한 번 보고 그만둘 시험이 아닙니다. 이번에는 좋은 결과가 없더라도 다음 시험에서 좋은 결과를 내기 위해서는 2차 시험 준비가 필수입니다. 시험이 어떻게 진행되는지, 어떤 자료가 필요한지, 스터디는 어떤 식으로 준비해야 하는지, 수업과 면접은 어떻게 해야 하는지 등 다양한 정보를 자연스럽게 습득할 좋은 기회입니다. 준비하지 않는다면 행여 다음 해에 1차 시험에 합격했다 하더라도 처음 시험을 보는 것과 다를 바가 없습니다. 2차 시험은 많이 해볼수록 실력이 향상됩니다. 비록 합격권이 아니라는 생각이 들어도 꼭 2차 시험을 준비하셨으면 좋겠습니다.

> 배움은 우연히 얻어지는 것이 아니라 열성을 다해 갈구하고 부지런히 집중해야 얻을 수 있는 것이다.
> _ 애비게일 애덤스

37

수업 실연 A to Z

시험 진행 순서

* 지도안 평가지역은 수업지도안 평가(약 1시간) 후 순서대로 구상실로 이동하게 됩니다.

○ **대기실**

시험실에 입실한 뒤 시간이 되면 휴대전화와 기타 전자기기를 제출합니다. 간단한 유의 사항을 전달받은 뒤 관리번호를 추첨합니다.(관리번호는 수업 순서를 뜻합니다.) 내 차례가 돌아오면 개인 짐을 모두 챙겨 구상실로 이동합니다. 지도안을 작성하는 지역의 경우 1시간 동안 지도안을 작성하게 되며, 지도안 작성이 끝난 후에 점심시간을 가진 뒤에 차례대로 구상실로 이동합니다.

○ **구상실**

 개인 짐을 복도에 두고 필기구만 지참한 채 구상실로 입장합니다. 지정된 시간 동안 수업을 구상합니다. 비지도안 지역은 시간이 다 되면 구상실에서 받은 시험지를 그대로 가지고 수업 실연 장소로 이동합니다. 지도안 지역의 경우는 개인이 작성한 지도안 복사본을 구상실에서 받게 됩니다. 구상실에서 이 복사본을 보면서 어떻게 수업을 할지 정리한 뒤, 구상 시간이 종료되면 짐을 챙겨 평가실로 이동합니다.

○ **평가실**

 짐을 평가실 복도에 두고 교실에 들어가 수업을 시작합니다. 앞 선생님의 수업이 끝나지 않으면 잠시 대기할 수도 있습니다. 평가실에 들어가 자신의 관리번호를 말한 뒤 수업을 시작합니다. 시험장에는 5명의 감독관과 시간을 확인하는 보조 요원이 한 명 앉아 있습니다.

수업 실연 준비 방법

○ **계획 세우기**

 1차 시험이 끝나면 1주일 정도는 2차 준비를 위한 시간으로 할애합니다. 최종 합격자 발표가 12월 마지막 주에 나오기 때문에 약 4주를 기준으로 계획을 세웁니다. 혼자서 준비하기에는 어려운 부분이 많으므로 스터디에 참여하는 것을 추천합니다. 스터디는 횟수는 많을수록 좋겠지만, 발표 전이다 보니 1주일에 2~3회 정도 하는 것을 추천합니다.

과목별로 주로 출제되는 학년이 있습니다. 예를 들어 수학의 경우 중1~고1에서만 수업 실연 문제가 출제되고 있습니다. 응시 과목에서 주로 출제되는 학년을 기반으로 스터디를 준비합니다. 교과서에 있는 모든 차시를 수업하기는 어려우므로 내용을 적절히 선별합니다. 기출문제를 참고하거나 교육과정 내용을 바탕으로 출제 가능성이 있는 것을 고르는 것이 중요합니다. 최근에는 수업 실연 연습을 돕는 책이 많이 출간되고 있으니 참고해 보기 바랍니다.

1차 합격자 발표 이후 진행되는 스터디는 수업 횟수를 늘리기 시작해야 합니다. 1주일에 5일 이상은 스터디를 해야 하며, 체력적 여유가 된다면 한 번의 스터디에 각자 2개씩 수업을 진행할 수도 있습니다. 이전에 수업한 부분을 잘 체크해 둔다면, 내가 해보지 않은 내용 위주로 수업을 할 수 있습니다.

> **TIP** 스터디 인원은 3~4명이 적당합니다. 인원이 많으면 시간이 너무 오래 걸리고, 인원이 적으면 피드백이 제대로 이루어지지 않습니다.

○ **스터디 진행 방법**

첫 1주는 수업에 익숙해지기 위해 미리 준비한 수업을 실연하는 것을 추천합니다. 이때 수업 실연에 대한 감을 잡도록 합니다. 2주 차부터는 각자 문제를 가지고 와 수업 실연을 진행합니다. 내가 출제한 문제 외에 나머지 문제를 무작위로 골라 해당 문제를 실연합니다. 수업은 모두 동시에 20분을 구상한 뒤, 수업을 진행하거나 실제 시험처럼 한 명씩 20분을 구상하는 방식으로 진행할 수도 있습니다. 수업이 완료되면 수업에 대해 서로 피드백을 나눈 뒤 다음 순번으로 넘어갑니다.

> **TIP** 수업을 누군가에게 보여주는 것은 큰 용기가 필요한 부분입니다. 피드백할 때는 존중과 배려가 중요합니다. 직접 말로 하기가 부담스럽다면 종이에 써서 하는 것도 좋습니다.

수업 실연 3요소

임용고시에 합격한 뒤, 매년 많은 선생님의 수업 실연을 도와드리고 있습니다. 매년 30~50개의 수업을 봤으니 적어도 300개 이상의 수업을 피드백했습니다. 강사를 제외하고 이렇게 수업을 많이 본 사람은 아마 없지 않을까요? 수업 실연은 내가 수업한 것에 대해 명확한 피드백이나 채점 기준을 제시하지 않습니다. 최종 점수에서 받은 점수를 통해 추측할 뿐입니다. 그래도 오랫동안 수업 피드백을 하며 제가 내린 반드시 지켜야 하는 수업 실연의 3요소는 다음과 같습니다.

시간 / 실연 조건 / 발문

생각보다 특별한 것은 없습니다. 각 요소의 의미가 무엇인지를 살펴봅시다.

○ **시간**

수업 실연 시간은 대부분 20분, 지역에 따라 15분, 25분인 경우도 있습니다. 수업 실연은 시간이 제한되어 있으므로, 주어진 시간을 얼마나 효과적으로 사용하는지가 중요합니다. 하지만, 이것보다 더 중요한 것은 주어진 시간 안에 수업을 진행하는 것입니다. 정말 많은 선생님이 정해진 시간을 초과하는 경우가 많습니다. 이때는 시간을 초과한 것에 대한 감점과 이로 인해 내가 수업하지 못한 부분이 이중으로 감점됩니다. 따라서, 다른 요소보다 감점의 폭이 매우 큰 편입니다. 내가 수업 안에서 많은 것을 보여주는 것은 좋지만, 그렇다고 시간을 초과해서는 절대로 안 됩니다. 정해진 시간을 꼭 지키기 바랍니다.

○ **실연 조건**

수업 실연 문제를 보면 해야 하는 조건을 구체적으로 제시하고 있습니다. 수업 실연은 해당 실연 조건을 잘 충족해 수업을 잘 이끌어나가면 됩니다. 단, 제시된 조건이 구체적으로 드러나지 않거나 잘못된 방향으로 수업하지 않도록 주의합니다. 반대로 수업에서 생략하도록 되어 있으면, 굳이 수업하지 않아도 됩니다. 시험은 실연 조건별로 채점이 매겨질 가능성이 큽니다. 따라서, 내가 보여줘야 할 실연 조건을 잘 확인해 수업에 적용하도록 합시다.

○ **발문**

수업 실연은 실제로 학생들은 없지만, 있는 것을 가정하고 진행합니다.

학생의 반응이 없다 보니 효과적으로 수업을 전달하기 위한 적절한 수업 장치가 필요합니다. 이때, 가장 효과적인 것이 바로 '발문'입니다. 발문이란 학생들이 답을 할 수 있도록 물음을 던져주는 것입니다. 발문할 때는, 내용에 대한 이해 정도를 발문할 수도 있지만, 나아가 어려워하거나 궁금해하는 부분, 강조해야 할 부분 등을 발문할 수도 있습니다.

수업에서 적절한 발문이 이루어지면 학생과의 상호 작용이 원활하게 느껴집니다. 또한, 교사의 주도하에 학생의 활동 위주로 수업이 진행되도록 느껴지기 때문에 긍정적인 수업 인상을 만들어줍니다. 앞서 이야기한 시간과 실연 조건만 잘 맞추더라도 평균 정도의 점수는 충분히 받을 수 있습니다. 여기에 발문이라는 요소가 추가된다면, 평균 이상의 고득점을 반드시 얻을 수 있습니다. 수업 실연을 준비하며 어떤 발문 요소를 만들지 잘 정리해가며 연습하기 바랍니다.

수업 실연 꿀팁

○ **수업 진행**
일반적인 수업의 순서는 다음과 같습니다.

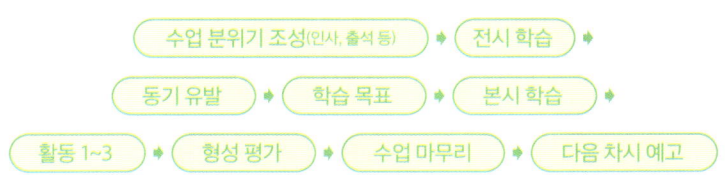

실제 시험에서는 모든 과정을 수업하지 않습니다. 본시 학습을 중심으로 수업이 진행하며, 나머지 내용은 대부분 생략합니다. 지도안 지역의 경우 동기 유발, 전시 학습 복습, 차시 예고 등이 지도안 조건으로 추가되는 경우는 있습니다. 실연의 분량은 교과서 기준 1~2차시 정도의 양입니다.

○ **활동 학습이 잘 드러나도록 하자**

수업 실연 문제에서는 활동 학습이 자주 제시됩니다. 메인 수업 활동이 2개 내외임을 고려했을 때, 활동 학습은 큰 비중을 차지합니다. 따라서 수업할 때 활동 학습 상황이 평가자들에게 잘 전달되도록 해야 합니다. 교사가 활동 학습의 내용과 과정을 자세히 설명하고, 단계에 맞는 적절한 발문을 던져야 합니다.

○ **직접 활동을 만들어야 한다면?**

수업 실연에서는 구체적인 활동을 제시하지 않고, 수업자가 직접 활동을 구성해야 하는 경우가 있습니다. 이때는 구체적인 자료가 제시되어 있지 않기 때문에, 내가 구성한 활동에 관한 상세한 설명이 필요합니다. 그렇지 않으면 평가자 입장에서는 수업자가 어떤 활동을 하려고 하는지 의도를 알기 어렵습니다.

○ **수업이 빨리 끝날 것 같다면?**

수업 실연은 주어진 시간을 최대한 활용하여 채점자들에게 어필할 필요가 있습니다. 수업이 빨리 끝난다고 해서 감점이 되는 것은 아니지만, 남는 시간을 최대한 활용하면 좋습니다. 억지로 시간을 늘리기보다는 수업에 필요한 내용을 보충하는 느낌으로 준비합니다. '적극적인 발표 유도', '느낀 점 말하도록 하기', '수업 내용 정리하기', '질문받기', '다음 시간 차시 예고 및 과제 제시', '동기 유발 확인하기' 등의 활동이 있습니다.

○ **수업 시간이 부족할 것 같다면?**

시간이 부족한 경우도 있습니다. 실제 시험에서는 시간 초과는 큰 감점으로 이어지기 때문에 정해진 시간 안에 마무리하도록 최선을 다해야 합니다. 실연 조건에 제시된 것들을 우선하여 실시하며, 그 외 내용은 모두 생략하는 식으로 시간을 조절하기 바랍니다. 순회지도를 생략하거나, 부족한 부분은 과제로 제시하는 방법을 선택할 수 있습니다.

> **TIP** 수업 실연을 20분에 딱 맞춰 연습하는 경우가 많습니다. 이러다 보면 시험장에서 시간 조절이 안 되는 경우가 많습니다. 18분 내외로 수업을 마치도록 연습한다면 수업 상황에 유연하게 대처할 수 있을 겁니다.

○ **흐름을 자연스럽게**

수업의 흐름이 자연스러우면 평가자에게 좋은 인상을 심어 줄 수밖에 없습니다. 여기서 흐름이란 내용을 설명할 때의 유창함도 있겠지만, 탐구하기에서 활동 1, 활동 1에서 활동 2, 활동 2에서 문제, 문제에서 마무리와 같은 활동 중간의 연결고리를 잘 만들어주는 것을 의미합니다. 연결고리를 만들면 수업의 짜임새가 생겨 평가자에게 긍정적인 인상을 심어줍니다.

○ **수업 분위기**

　수업에서 내용적인 측면이 평가에 큰 영향을 끼치긴 하지만 수업에서 보이는 분위기도 굉장히 중요한 요소로 작용합니다. 이를 위해서는 목소리 톤, 시선 처리, 수업 동선, 수업의 매끄러움 등을 신경 써야 합니다. 특히, 자신감 있는 태도로 수업에 임하는 것이 가장 중요합니다.

○ **판서 구조화 및 판서 내용 가리지 않기**

　수업에서 판서는 수업 내용을 객관적으로 보여주는 요소입니다. 따라서, 판서를 어떻게 제시하고 구조화해야 할지 고민해야 합니다. 판서는 기본적으로 칠판을 삼등분(혹은 사 등분)하여 왼쪽부터 시작해서 오른쪽 끝에서 수업이 마무리되도록 판서를 합니다. 글씨는 당연히 예쁘게 쓰는 것이 좋지만, 저와 같은 악필이면 단기간에 큰 변화를 만들기는 어렵습니다. 대신 수평과 수직, 글 간격 등을 정확히 맞춘다면 한결 구조화된 판서가 가능합니다. 이때, 글씨 크기가 너무 작으면 가독성이 떨어지고, 너무 크면 공간이 부족하므로 적절한 크기의 판서가 중요합니다.

　판서에서 선생님들이 많이 하는 실수 중 하나가 판서 내용을 가리는 것입니다. 처음 칠판에서 수업하면 판서한 내용을 가리며 판서하는 경우가 많습니다. 판서를 할 때는 판서하는 내용을 학생들이 볼 수 있도록 옆으로 비켜서서 판서합니다.

> **TIP** 수업할 내용이 많아 판서에 적힌 내용을 지워야 할 때는 '전시 학습', '문제 풀이' 등을 먼저 지우는 것이 좋습니다. 핵심 개념이나, 설명 자료 등은 수업에서 자주 언급되는 요소이기 때문에 가급적 지우지 않도록 합니다.

○ **시선 처리**

학생이 없는 상태에서 수업하다 보니 의식적으로 노력하지 않으면 시선 처리가 어색해집니다. 수업자의 시선은 판서하는 동안을 제외하고는 학생을 향해 있어야 합니다. 칠판을 보면서 수업하거나, 지도안만 보면서 수업을 하면 평가자에게 수업이 닫혀있는 느낌을 줍니다. 시선을 줄 때는 교실을 넓게 활용하도록 하며, 교실을 임의로 삼등분해 시선을 줄 곳을 정해두는 것도 좋은 방법입니다.

수업 실연 피드백

수업 실연은 피드백을 어떻게 주고받느냐에 따라 얻는 것에 차이가 큽니다. 좋은 피드백은 한 번의 수업이더라도 많은 것을 얻어갈 수 있습니다. 제가 중요하게 생각하는 부분과 경험을 바탕으로 피드백 체크리스트를 만들었습니다. 체크리스트의 내용을 살펴보며, 어떤 부분에 주안점을 두어야 하는지 살펴보기 바랍니다.

○수업 실연 피드백 체크리스트

평가사항	평가관점	피드백
시간	정해진 시간을 지키는가?	
	절차에 충실한가?	
	시간 배분은 적절하였는가?	
도입	전시 학습 상기 또는 출발점 행동 진단을 하였는가?	
	동기 유발 내용은 본시 학습과 밀접한 관련성이 있는가?	
	동기 유발은 창의적인가?(차별화되었는가?)	
	구체적인 학습 목표를 제시하였는가?	
	활동을 명확히 안내하였는가?	
전개	적합한 수업 전략을 사용하였는가?	
	활동 학습이 학습 목표와 연관되었는가?	
	학습 집단 조직이 적절하였는가?(개별, 협동, 전체 등)	
	학생 중심의 활동 구성인가?	
	확산적 사고를 유발하는 발문인가?	
	수업 단계에 맞는 발문이었는가?	
	학습의 이해를 돕는 발문인가?	
	수업 상의 유의점을 잘 지켰는가?	
	학습에 가장 효과적인 자료를 적시에 제시하였는가?	
	학생의 수준을 고려한 자료를 제시하였는가?	
	학습 자료 혹은 활동이 창의적인가?	
	학생들이 어려워하는 내용을 짚어주었는가?	
정리	학습 내용을 정리하였는가?	
	형성 평가를 하였는가?	
	학습 목표 도달 여부를 확인하였는가?	
	차시 및 학습 과제를 안내하였는가?	
	판서는 구조화되어 있는가?	
의사소통	학생 수준에 적합한 교수 용어를 사용하는가?	
	정확한 발음으로 교수하며, 말의 빠르기는 적절한가?	
	수업자의 동선은 적절하였는가?	
	전체 학생에게 고르게 시선을 주는가?	
	학생을 골고루 지명하였는가?	

의사소통	학생들의 답변을 적절히 피드백하였는가?	
	배우지 않은 용어나 개념을 사용하지는 않았는가?	
	평가자와 소통할 수 있는 수업 실연인가?	
	밝은 표정과 수용적인 태도를 보이는가?	
기타	자신감 있는 수업을 보여주는가?	
	수업에 대한 열의가 보이는가?	
	창의 인성 교육, 다문화 가정 등을 고려하였는가?	
	부진 학생, 영재, 통합 학급 등을 고려하였는가?	
	수업의 흐름은 자연스러웠는가?	
	문제에서 요구하는 조건에 부합하였는가?	
	활동 사이의 연결은 매끄러웠는가?	

나는 행동이 사람의 생각을 가장 훌륭하게 해석해 준다고 늘 생각해 왔다.

_ 존 로크

38

지도서: 무엇을 공부해야 하는 걸까?

지도서는 수업 참고를 위한 보조자료입니다. 교과 내용에 대한 해설과 유의 사항, 오개념, 평가 자료 등 다양한 내용을 포함하고 있습니다. 수업 실연 준비를 위해서 반드시 봐야 하는 자료 중 하나이기도 합니다. 그런데 막상 지도서를 공부하려고 보면 어떻게 공부해야 할지 막막합니다. 효과적인 지도서 공부 방법에 대해서 함께 살펴봅시다.

수업 차시 확인하기

지도서는 단원별로 초, 중, 고 단원 흐름이 잘 정리되어 있어 수업 내용을 계획할 때 큰 도움이 됩니다. 단원의 전체적인 구조를 잡을 수 있으며, 수업을 좀 더 자연스럽고 매끄럽게 진행할 수 있습니다.

동기 유발 정리하기

수업 실연에서는 동기 유발 내용을 묻는 경우가 있습니다. 실연 조건은 아니더라도 지도안 조건으로 제시되는 경우도 많습니다. 지도서에 제시된 동기 유발 자료를 정리해 두면 수업에 활용할 수 있습니다. 지도서뿐 아니라 관련 도서, EBS, 유튜브 등을 참고하는 것도 좋습니다.

지도상의 유의점

지도상의 유의점이란 수업을 지도하는 데 주의해야 할 부분입니다. 학생들이 오개념을 가지거나, 어려워하는 부분에 관해 설명되어 있습니다. 이러한 부분은 수업에서 중요한 실연 조건이 되기도 하고, 발문의 요소로 활용할 수도 있습니다.

활동 학습

수업 실연에서 수업자가 활동을 직접 구성해야 하는 경우가 있습니다. 하지만 실제 시험장에서 수업 활동을 구성하기는 그리 쉽지 않습니다. 지도서에 제시된 다양한 활동 학습을 정리해 수업에 활용해 보기 바랍니다. 모둠 학습, 활동 중심, 프로젝트 등 다양한 모습의 수업 활동이 있습니다. 단원별로 활동을 따로 정리해 두면 좋습니다.

수업 실연 내용 정리

　수업 내용을 일정한 형식에 맞춰 간단히 정리해 두기 바랍니다. 시험까지 모든 차시를 모두 수업하기는 쉽지 않지만, 정리된 자료를 활용한다면 도움을 받을 수 있습니다. 내용을 정리할 때는 수업 과정뿐 아니라 교육과정, 유의 사항, 동기 유발, 오개념 등과 같이 수업을 하면서 꼭 필요하다고 생각되는 내용을 위주로 정리합니다. 내용을 많이 적으려고 하기보다는 핵심 내용을 간략히 적어두는 것이 나중에 공부하기 좋습니다. 정리된 자료를 지도서와 함께 시험장에서 보는 것도 좋습니다.

> **TIP** 지도서는 일반 서점에서 구매는 어려우며, 한국교과서협회 쇼핑몰 사이트에서 초·중·고 교과서 및 지도서 구입이 가능합니다.

수업 실연 내용 정리 예시

단원	III함수 1. 함수와 그래프 02 순서쌍과 좌표
전 차시	함수와 함숫값
동기 유발	데카르트 & 파리 데카르트 어렸을 적 몸이 자주 아팠다고 함. 그래서 학생 시절 방안에 홀로 누워 있던 시간이 많았음. 어느 날 방에 누워 있는데 파리 한 마리가 방을 돌아다니고 있었음. 이때 데카르트는 문득 파리의 움직임을 어떻게 효과적으로 표현할지 고민했다고 함. 그래서 그림을 그려 파리의 움직임을 표현함. ⇒ (좌표 평면 그리기)
학습 목표	순서쌍, 좌표에 대한 개념과 이것의 실용성과 유용성을 말할 수 있도록 한다.
탐구 활동 (내용)	개념 설명(좌표, x축, y축, 좌표축, 원점, 좌표 평면, 순서쌍) - 수직선에서의 좌표 설명 - 좌표 평면 설명하기(유의 사항 설명!) * 좌표 평면의 영어 표현 알려주고 해당 내용과 데카르트 연결하기 <협동 학습> ① 좌표가 사용되는 실생활 예시 조별로 찾아보기 ② 좌표 사용에 대한 장점 써보기
예제 연습 문제	<예상 답변> ① 영화관의 좌석 ② 지구의 위도와 경도 *장점 ① 위치를 표현하고, 확인하는 데 편리하다. ② 어떤 물체에 움직임을 파악하는 데도 쉽다. ③ 대상들 간의 상대적인 위치를 이해하는 데 도움이 된다.
발문	- 좌표가 실생활 어디에서 사용될까? - 좌표를 사용하면 무엇이 좋을까? - 다른 생각은 없니?
차시 예고	함수의 그래프
관련 교육과정	실생활에서 좌표가 사용되는 예를 찾아보고 이를 수직선과 좌표 평면 위에 표현해보며, 그 유용성과 편리함을 인식하게 한다.
지도상의 유의점	- 원점과 좌표축 위에 있는 점은 어느 사분면에도 속하지 않음에 유의하게 한다. - 순서쌍과 (a, b) (b, a)는 서로 다르다는 것을 알게 한다.

39

지도안 작성은 어떻게 해야 할까?

　일부 지역에서는 수업 실연과 더불어 지도안을 평가합니다. 지도안이란 수업을 어떻게 하겠다는 일종의 수업계획표입니다. 학교 현장에서는 지도안을 쓸 일이 생각보다 많지 않고 형식도 자유로운 편이지만, 임용고시는 고정된 틀 안에서 지도안을 작성해야 합니다. 따라서 작성 방식에 주의를 기울일 필요가 있습니다. 어떤 부분을 고려해 지도안을 작성해야 하는지 알아봅시다.

교사와 학생을 나누어서

　지도안은 교사와 학생의 활동을 나누어 작성합니다. 수업 안에서 교사와 학생이 수업에 어떻게 참여할지를 적습니다. 내용을 대화체로 적는 경우도 있지만, 내용이 길어지기 쉬우며 실제 수업할 때 지도안과 똑같이 언급해야 한다는 압박이 생길 수 있어 추천하지는 않습니다. 교사와 학생의 활동 내용에 대해서만 서술하도록 합니다.

판서계획은 넣어야 할까?

수업에서 내가 어떠한 방식으로 판서를 하겠다는 판서계획을 넣는 것은 필수요소는 아닙니다. 하지만 구체적으로 드러나야 하는 판서가 있다면 작성하는 것도 나쁘지 않습니다. 작성의 여부가 감점 요인이 되지는 않습니다. 단, 이때는 지도안의 내용과 비슷하게 판서하는 것이 좋습니다.

지도안의 내용과 수업은 반드시 일치해야 할까?

가급적 지도안 내용과 수업 내용은 일치하는 것이 좋습니다. 감점된다고 하는 선생님들도 있지만, 통계적으로 봤을 때 불일치 자체만 가지고는 감점의 요소가 크지 않습니다. 물론, 실연 직전에 내가 틀린 부분을 발견했다면 지도안은 잘못 작성했더라도 수업은 틀린 부분을 고쳐 수업하는 것이 좋습니다. 그래야 지도안 점수는 조금 감점되더라도, 수업 실연에 대한 점수는 감점이 되지 않습니다.

만능문구

수업 활동에 맞는 적절한 만능문구를 만들어두면 지도안 작성이 한결 수월해질 수 있습니다. 준비한 문구를 모든 수업에 적용하기보다는, 각 활동에 맞는 문구를 준비하고 해당 수업에 준비한 활동이 나오면 문구를 적용합니다. 예시는 다음과 같습니다.

"교사는 순회지도를 하며 학생들의 질문에 대답한다."
"교사는 조별 활동에
적극적으로 참여하지 않는 학생의 참여를 격려한다."
"교사는 지원을 받아 1~2개 조의 발표할 기회를 주고
발표 시에 다른 학생들은 발표자의 말을 경청하도록 한다."

교육 기자재

수업 실연에서는 수업에서 활용하는 다양한 교육 기자재를 제시하고 있습니다. 이때, 수업에서 제시된 교육 기자재는 적극적으로 활용하는 것이 좋습니다. 실연 조건에는 별다른 언급이 없더라도 기자재를 의도한 수업 내용일 가능성이 크기에, 이를 활용한 지도안 작성이 필요합니다. 교육 기자재에 대한 설명과 주의점, 이를 활용한 수업 구성 등을 예시로 꼽을 수 있습니다.

유의할 점

- 글씨는 단정하게 적도록 합니다.
- 지도안 작성에서는 전공 내용뿐 아니라 교육적 측면에서 수업의 흐름이 어떻게 하면 자연스럽게 진행되고, 학생들의 행동적 측면을 어떻게 드러낼 수 있을지를 고민하는 것이 필요합니다.
- 지도안에 작성한 내용은 수업 실연에서 모두 드러나도록 합니다.

– 수업 목표를 이룰 수 있도록 지도안이 잘 설계되었는지가 지도안의 핵심이라고 생각합니다. 학생들과의 다양한 상호작용과 발문에 신경 쓰기 바랍니다.

영원히 살 것처럼 배우고, 내일 죽을 것처럼 살라.
_ 마하트마 간디

40

심층 면접 핵심 정리

심층 면접은 평가원 문제를 사용하거나 교육청 자체 출제 문제를 사용합니다. 평가원 문제는 구상형 3문제, 즉답형 1문제로 구성되어 있으며, 자체 출제 지역은 문항 구성에 차이가 있습니다. 심층 면접의 기본적인 내용과 준비에 필요한 내용을 살펴봅시다.

시험 진행 순서

심층 면접 진행 순서는 대기실, 구상실, 평가실 순서로 이동하게 되며 수업 실연과 그 과정은 같습니다. 구상실에서는 구상지를 받게 되며, 구상형 3문제에 대한 답을 고민하게 됩니다. 시간이 종료되면 평가실로 이동해 구상형 3문제에 대한 답변을 시작합니다. 3문제를 모두 말하면, 책상 위에 놓여있는 즉답형 문제를 뒤집어 문제를 확인합니다. 잠시 생각할 시간을 가진 뒤 즉답형 문제를 답변합니다. 단, 문제 구성이 다른 경우 평가 방식은 조금 차이가 있을 수 있습니다. 평가시간은 대부분 10분이기 때문에 구상실에서 10분, 평가실에서 10분을 사용하게 됩니다. 수업 실연과 달리 평가관은 보조 요원을 제외하고 3명입니다.

심층 면접 준비

심층 면접은 수업 실연과 마찬가지로 스터디를 통해 준비하는 것이 좋습니다. 심층 면접은 문제 상황에 대한 다양한 답변을 요구하기 때문에, 혼자서는 답변을 만드는 것이 쉽지 않습니다. 수업 실연 스터디와 함께 심층 면접 스터디를 하기도 하지만, 보통 과목별 선생님들이 비슷하게 답변을 하는 경향이 있으므로 다른 과목 선생님들과 스터디를 구성하는 것도 좋은 방법입니다.

심층 면접 스터디 방식

일반적인 면접 준비 방법은 다음과 같습니다. 각자 문제를 만들어와 자신이 만든 문제를 제외하고 무작위로 문제를 선택합니다. 순번을 정한 뒤 구상 시간을 가진 후 면접을 진행합니다. 구상은 동시에 진행할 수도 있으며, 개별적으로 진행할 수도 있습니다. 관리번호를 이야기하는 것부터 시작해 자리에 앉아 시간에 맞추어 시험을 진행합니다. 최대한 시험 상황과 유사하게 준비해야 실제 시험장에서 당황하지 않습니다.

심층 면접 추천 책

심층 면접 책은 주로 강사들의 책이 주를 이루었으나, 최근에는 현직 선생들이 출간하는 다양한 책이 나오고 있습니다. 정답이 있는 것은 아니기에 자신에게 맞는 책을 고르면 됩니다. 어떤 책이든 한 권이면 충분합니다.

> 류은진 외 3명, 『2025 임용 면접 레시피』, 미래가치, 2024.
> 윤승현, 『2023 윤승현 중등심층면접 IPS』, 도서출판임용닷컴, 2022.
> 루이스, 『루이스 임용고시 심층면접 기출분석집』, 캠버스, 2024.
> 남정덕 외 9명, 『확알면 임용면접 PASS 이론편』, 미진사, 2024.
> 구영모 외 2명, 『사이다 경기 2차 수업능력 심층면접』, 박문각, 2019.

참고 서적

2차 시험을 준비하는 선생님들은 교직 경험이 없는 경우가 대부분입니다. 이러다 보니 실제 교실 속 상황이나, 학교 환경에 대해서 이해하기가 쉽지 않습니다. 직접 경험하기 어렵다면 책으로나마 간접 경험하는 것이 면접 답변을 할 때 큰 도움이 될 수 있습니다. 교직 생활을 간접적으로 경험할 수 있는 책과 생활 지도와 관련된 책들입니다.

> 우리교육 편집부, 『교실 속 갈등상황 100문 101답』, 우리교육, 2008.

조정래, 『풀꽃도 꽃이다』, 해냄, 2016.
신규진, 『아이들의 성장을 돕는 학교 상담』, 우리교육, 2008.
안준철, 『오늘 처음 교단을 밟을 당신에게』, 문학동네, 2012.
정진, 『회복적 생활교육 학급운영 가이드북』, 피스빌딩, 2016.
제인 넬슨 외 2명, 『학급긍정훈육법』, 에듀니티, 2014.
김태현, 『교사, 수업에서 나를 만나다』, 좋은교사, 2012.
김태현, 『교사, 삶에서 나를 만나다』, 교육과실천, 2024.

심층 면접 채점 요소

심층 면접은 수업 실연에 비해서는 점수 차이가 크지 않습니다. 대부분 평균에 수렴하고, 여기에서 약간의 차이가 있을 뿐입니다. 하지만, 이 약간의 차이로 시험의 당락이 결정되기 때문에 철저히 준비할 필요가 있습니다. 다양한 요소가 있지만 가장 중요한 두 가지를 꼽자면 바로 '태도', '시험 조건'입니다.

○ 태도

심층 면접은 명확한 정답이 있기보다 교사 개인의 생각을 물어보는 문제들이 많습니다. 물론 답이라고 할 수 있는 큰 범위는 존재하겠지만, 기본적으로는 개인의 생각을 물어봅니다. 정답이 구체적인 것은 아니므로 논리적이고 자신감 있는 답변이 중요합니다. 내가 주장하는 사실을 적절한 근거를 들어 자신감 있게 이야기하는 것이 심층 면접에서 중요한 부분입니다.

심층 면접이 형식적이긴 하지만, 면접의 형태를 가지고 있기 때문에 어떤 태도로 면접에 임하는지는 굉장히 중요한 요소입니다. 시험 중에는 자연스러운 표정과 바른 자세로 시험에 임하며 면접관들과 자연스럽게 눈 맞춤을 하면 좋습니다. 눈을 마주하는 게 부담스럽다면 미간을 응시하는 것도 좋습니다.

○ 시험 조건

가장 기본적이지만 쉽게 틀리는 것이 문제에서 요구하는 것을 정확히 파악하지 못하는 것입니다. 수업 실연도 비슷하지만, 심층 면접은 문제를 제대로 읽지 않으면 답의 방향이 크게 엇나갈 수 있습니다.

'대상이 누구인지(학생, 학부모, 교사 등)'
'문제에서 물어보는 요소가 몇 개인지'
'장점을 물어보는 것인지, 단점을 물어보는 것인지'

잠깐 긴장을 푸는 순간 놓치는 것들이 많습니다. 심층 면접은 작은 실수로 인해 감점되는 경우가 많습니다. 주어진 조건을 잘 살펴야 하며, 문제에서 요구하는 걸 잘 표시해 두기 바랍니다.

심층 면접 꿀팁

○ **지역 시책**

심층 면접을 위해 지역 시책을 준비합니다. 시책이란 내가 응시한 교육청에서 시행되고 있는 주된 교육 정책입니다. 그런데 지역 시책은 사실 조금 애매한 부분이 있습니다. 2차 시험 공지사항에 '지역 시책 공부하세요!'라고 직접적으로 언급한 지역은 없기 때문입니다. 실제 시험에서도 시책에 관해서 물어보는 경우는 없다고 봐도 무방합니다. 그렇다면 공부를 하지 않아도 되는 걸까요? 그렇지는 않습니다.

교육청의 시책을 알고 있으면 좀 더 풍성한 답변이 가능합니다. 내가 A라는 것을 그냥 주장하기보다는 우리 지역에서 진행되고 있는 ○○정책을 이용해 A를 이야기한다면 더욱 효과적인 답변이 될 수 있습니다. 교육청 홈페이지에는 '○○교육청 ○대 교육 시책'이라는 형태로 주요 교육 시책을 안내하고 있습니다. 모든 시책을 다 공부하기보다는 주요 시책을 중심으로 공부한 뒤 답변에 녹여내는 연습이 필요합니다. 한 가지 주의할 점은 문제의 요지와 상관없이 무조건 시책에 대해 언급하는 것은 지양해야 한다는 것입니다. 시책은 필수 요소가 아닌 플러스알파 요소입니다. 문제와 직접적인 관련이 없는데도 시책을 소개하는 것은 자칫 감점의 요소가 될 수 있습니다.

○ **답안 개수 채우기 꿀팁**

면접 문제를 보면 개수를 채워야 하는 문제가 종종 있습니다.

[
"해결 방안을 네 가지 이상 말씀하시오."
"~의 장점을 네 가지 이상 말씀하시오."
]

　네 가지라고 하면 어렵지 않을 것 같지만, 막상 답변하려고 하면 개수 채우기가 쉽지 않습니다. 보통 두세 가지 말하고 나면 잘 생각이 나지 않습니다. 이럴 때는 '학생, 학부모, 교사, 학교, 사회'를 기억하기 바랍니다. 각각의 입장에 대해서 답변을 생각하는 방식입니다. '학생 입장에서 하나', '학부모 입장에서 하나' 이런 식으로 답변을 구성하는 것이죠. 심층 면접의 문제는 교육 상황에 대한 문제들이 많기 때문에 교육 주체별 답변을 생각하는 것은 효과적인 방안이 될 수 있습니다.

> **TIP** 학생, 학부모, 교사, 학교, 사회뿐만 아니라 교장, 교감, 수석교사, 부장교사, 지역사회, 전문적 학습 공동체 등을 고려해 볼 수도 있습니다.

○ **즉답형은 어떻게?**

　심층 면접을 준비하면서 힘든 부분 중 하나가 즉답형입니다. 구상을 한 뒤 답변을 하는 것이 아니라, 평가실에서 문제를 보고 바로 답변을 하다 보니 부담이 상당합니다. 가장 좋은 방법은 답변 전에 여유를 가지는 것입니다. 긴장하면 여유롭게 생각을 하지 않고 답변을 바로 해 버리는 경우가 많습니다. 충분한 고민 뒤에 답변하도록 준비합니다. 이를 위해 구상형 문제를 5~6분 정도 답변하며 즉답형 답변 시간을 적어도 4분 내외로 확보하면 좋습니다.

또한, 즉답형 문제는 '다음과 같은 상황에서 선생님이라면 어떻게 행동할 것인가요?'와 같은 형태가 주로 출제됩니다. 개수보다는 의견을 묻는 경우가 많으므로 차분히 자기 생각을 논리적으로 말하는 연습을 합니다.

○ 교직관 준비하기

교직관이란 교직에 대해 가지는 가치관, 신념, 태도 등을 포괄하는 의미입니다. 시험에서는 꼭 한 문제는 어떤 교사가 되고 싶은지, 어떤 교육적 철학을 가졌는지 물어보고 있습니다. 따라서 나만의 교직관을 정리해 두기 바랍니다. 꼭 시험 때문이 아니더라도 교직관을 고민해 보는 것은 앞으로의 교직 생활에 큰 힘이 될 것입니다.

○ 2차 시험 공지사항 확인하기

2차 시험 공지사항에는 많은 정보가 나와 있습니다. 답변 방법과 시험 유형, 서적 열람 가능 여부와 같이 구체적인 내용이 나와 있습니다. 이런 정보들은 2차 시험의 방향을 잡을 수 있도록 도와줍니다. 특히, 2차 시험은 지역별 차이가 크고 매년 조금씩 수정되는 부분이 많기 때문에 공고문을 정확히 확인해야 합니다.

◦ **개인 정보 말하지 않기**

2차 시험에서는 어떠한 형태로도 자신의 개인신상에 대한 정보를 이야기하면 안 됩니다. 평가실에서 나도 모르게 습관적으로 이름이나 개인 정보를 말하는 경우가 있습니다. 이는 감점 요인이기 때문에 주의가 필요합니다. 이외에도 자신의 신상정보를 암시하는 어떠한 이야기도 말해서는 안 됩니다.

심층 면접 피드백

심층 면접은 기본적인 사항을 잘 지키는 것이 중요합니다. 작은 실수 하나로 큰 감점이 될 수 있습니다. 체크리스트에 있는 평가 항목을 잘 살펴보길 바랍니다. 심층 면접 피드백 자료는 수업 실연 피드백 자료와 제 경험을 바탕으로 만든 자료입니다.

○ 심층 면접 피드백 체크리스트

평가사항	평가관점	피드백
시간	정해진 시간을 지키는가?	
	시간 배분은 적절하였는가?	
의사소통	발음과 말의 빠르기, 목소리 크기는 적절한가?	
구상형	문제에 부합하는 주장을 하였는가?	
	주장에 대한 근거는 적절하였는가?	
	답변은 독창적인가?	
	학교 현장을 반영한 답인가?	
	지역 실정에 맞는 답인가?	
	문제 조건에 맞는 답변이었는가?	
즉답형	문제에 부합하는 주장을 하였는가?	
	주장에 대한 근거는 적절하였는가?	
	답변은 독창적인가?	
	학교 현장을 반영한 답인가?	
	지역 실정에 맞는 답인가?	
	문제 조건에 맞는 답변이었는가?	
기타	자신감 있는 모습을 보여주었는가?	
	바른 자세로 시험에 임하는가?	
	평가자와 적절한 눈 맞춤을 하였는가?	
	지역 실정을 반영한 답변인가?	
	문제에서 요구하는 조건에 부합하였는가?	

> 우리는 자신을 이김으로써 스스로를 향상시킨다.
> 자신과의 싸움은 반드시 존재하고, 거기에서 이겨야 한다.
> _ 에드워드 기번

에피소드 V

"왜 내 꿈은 선생님이었을까?"

지금까지 나를 쭉 돌아보면 장래희망이라 할 수 있는 꿈은 두 가지였다. 첫 번째는 음악을 하는 사람이 되는 것이었고, 두 번째는 선생님이었다. 어렸을 때 나의 음악 사랑은 꽤 애틋했다. 노래를 듣고, 부르는 것뿐만 아니라 악기를 연주하는 것도 좋아했다. 초등학생 때 엄마 손에 끌려간 피아노 학원은 나에게 제법 즐거운 공간이었고, 중학교 축제 때 밴드부 형, 누나들의 공연에 반해 기타를 처음 잡았던 순간은 여전히 기억에 선명하다. 무엇이 되었든 음악을 하는 사람이 되어야겠다고 꽤 오랫동안 꿈꿔왔었다. 하지만 특별한 재능을 가진 것도 아니었고, 집안 형편도 그리 넉넉하지 않았다. 현실은 그렇게 '도전'이라는 말조차 쉽게 허락하지 않았다. 결국, 음악이라는 나의 꿈은 마음 한 켠으로 치워두었다.

이후로 나의 꿈은 비교적 한결같이 선생님이었다. 그것도 수학 선생님. 이유가 무엇이었을까? 사실 잘 모르겠다. 지금 생각해 보면 수학을 좋아했기 때문에 선생님이라는 이름 앞에 수학이라는 두 글자를 붙였지, 과목이 중요했던 것 같지는 않다. 그저 선생님이 되고 싶었다. 학창 시절 좋은 선생님들을 몇 분 만났지만, 내가 교사라는 꿈을 꾼 것은 그 이전이었다. 친구들을 가르쳐주며 보람을 느끼기도 했지만, 이 정도의 감정은 다른 곳에서도 얼마든지 느낄 수 있었다고 생각한다.

솔직히 말하면 여전히 이 문제에 대한 명쾌한 정답은 여전히 내리지 못했다. 하지만 생각해보면 교사라는 직업을 매력적으로 느끼지 않았을까? '누군가에게 도움을 줄 수 있다는 것', '길을 잃고 방황하는 누군가를 바른 길로 인도할 수 있는 것' 교사만이 가질 수 있는 이 특별한 역할이 어쩌면 내게 큰 매력으로 다가왔던 것이 아닐까 생각해 본다. 그리고 이 역할이 내 삶의 의미를 더해주지 않을까 하는 막연한 기대도 있었을 것이고 말이다.

내가 교사라는 꿈을 꾸기 시작하고 많은 시간이 흘렀다. 그리고 세상에 얼마 없다는 어렸을 때의 꿈을 실제로 이룬 행운아가 되었다. 물론 꿈을 이루었다고 매일 행복한 건 아니다. 교사라는 직업이 결코 쉬운 길이 아니라는 것을 온몸으로 체감하고 있으며, 교사라는 이름에 짓눌려 버거운 날도 셀 수 없이 많다.

그럼에도 불구하고, 조금씩 성장해 나가는 나의 모습과 해맑게 웃고 있는 반 아이들의 모습을 보며 문득 이런 생각이 들었다.

"내가 과연, 교사 말고 다른 직업을 선택할 수 있었을까?"

6장

Q&A, 사소하지만, 궁금한 것들

41

답안을 잘못 작성한 경우는 어떻게 해야 하나요?

시험 답안은 흑색 필기구로 작성합니다. 펜이나 볼펜 등으로 작성하며 번지지 않는 필기구를 사용해야 합니다. 답안을 작성하는 중 잘못 작성한 경우, 두 줄로(=) 틀린 부분을 그으면 됩니다. 수정액과 수정테이프 모두 사용할 수 없으며, 두 줄 이외에 다른 표시를 하지 않도록 주의합니다. 답안지의 크기는 B4 크기로 한 문제당 4줄 분량입니다. 생각보다 답을 작성할 수 있는 공간이 많지 않기 때문에 답안지에 실수하지 않도록 주의합니다.

> **TIP** 기입형 답안 작성을 실수하는 경우가 있습니다. 기입형 문제는 풀이 과정을 적지 않고, 답만 적습니다.

지적인 욕구가 있는 자만이 배울 것이요,
의지가 확고한 자만이 배움의 길목에 있는 장애물을 극복할 것이다.
나는 항상 지능지수보다는 모험지수에 열광했다.
_ 유진 윌슨

42

답안지에 줄을 그어도 되나요?

답안지의 크기가 크지 않다 보니 원하는 내용을 다 쓰기 어려운 경우가 있습니다. 이때는 답안지를 반으로 그어 사용할 수 있습니다. 임용고시 채점은 답안지 안에 들어가 있는 내용만을 채점합니다. 답안지가 반으로 줄이 그어져 있거나, 4줄짜리 답안지를 6줄로 만들거나, 8줄로 만들거나 상관없습니다. 단, 시험지를 조금이라도 벗어나는 부분은 채점되지 않기 때문에 주의해야 합니다. 답안 쓰는 기준이 엄격하지만, 규정이 그렇기 때문에 따를 수밖에 없습니다. 저는 교과교육론의 경우 2줄을 3줄로 생각해 총 6줄 분량으로 답안을 작성했습니다. 전공의 경우 답안지를 절반 혹은 삼등분해서 작성했습니다.

> 태도의 차이는 아주 사소하지만
> 결과의 차이는 아주 거대하다.
> _ 윈스턴 처칠

43

시험 범위는 어떻게 되나요?

　시험을 준비하면서 답답한 부분 중 하나가 '이게 시험에 나올까?' 하는 고민입니다. 수능처럼 범위를 특정할 수 있다면 문제 되지 않지만, 임용고시는 그러기 쉽지 않습니다. 그런데 사실 모든 과목의 임용고시 시험 범위는 이미 한국교육과정평가원에 구체적으로 명시되어있습니다. 다만, 여기에서 문제점은 평가원에서 제시한 시험 범위와 실제 출제되는 범위의 차이가 너무 크다는 것입니다. 평가원에 올라와 있는 자료를 살펴보면, 전공책의 모든 목차를 빠짐없이 적은 것처럼 보입니다. 어떤 부분은 이게 출제 범위인가 싶은 지엽적인 내용도 포함되어 있습니다.

　구체적인 출제 범위가 나와 있다고 해도, 이것을 모두 공부하기에는 양이 너무 많습니다. 효율적인 공부를 위해서는 시험 범위를 전략적으로 조정할 필요가 있습니다. 이때 유용하게 활용할 수 있는 것이 '기출문제'입니다. 지금까지 출제되었던 기출문제를 바탕으로 어떤 내용이 주로 출제되었는지를 확인하고 여기에 맞게 시험을 준비합니다. 생각보다 지금까지 출제된 적이 없는 부분이 나오는 경우는 많지 않기 때문에 공부 범위를 한정하는 데 매우 효과적입니다.

> **TIP** 자료는 한국 교육과정 평가원 → 열린마당 → 자주 하는 질문 → '표시과목별 평가 영역 및 평가 내용 요소'를 클릭하면 자료를 확인할 수 있습니다.

다른 사람이 무엇을 하는지 신경 쓰지 말라.
_ 윌리엄 보엣커

44

실수를 너무 많이 해요

 1, 2점에 합격 여부가 결정되는 시험에서 실수 하나는 합격 여부를 가를 정도의 힘을 가지고 있습니다. 그만큼 시험에서 실수를 어떻게 관리하는지가 중요합니다. 문제를 꼼꼼히 풀어야겠지만, 그래도 실수는 나오기 마련입니다. 어떻게 하면 실수를 줄일 수 있을까요? 제가 활용한 방법은 '틀리지 말자 노트'입니다. 자주 실수하고, 틀리는 내용을 적어두는 노트입니다. 작성한 노트는 본격적인 공부를 시작하기 전이나 시험 전에 반복해서 읽는 방식으로 활용합니다. 단순해 보이지만, 생각보다 정말 효과가 좋습니다. 실제로 이 방법 덕분에 실수를 획기적으로 줄여 좋은 성적을 거둘 수 있었습니다. 실수가 줄어든 원인을 생각해 보면 틀리지 말자 노트는 내가 자주 실수하는 부분에 집중하게 만들어주는 효과가 있습니다. 문제를 풀면서 자연스레 계산이나 풀이에 조심하게 되며, 자주 틀리는 문제 유형을 보면 실수하는 부분이 자연스럽게 떠오릅니다.

 틀리지 말자 노트를 좀 더 효과적으로 사용할 수 있는 방법이 있습니다.

첫 번째, 과목별 분류입니다. 여러 과목이 섞여 있으면 내용을 받아들이는 데 혼란스러울 수 있습니다. 과목별로 내가 자주 실수하는 부분을 정리합니다. 대신 노트는 한 권으로 작성해야 활용하기 효과적입니다. 두 번째, 신중한 내용 선택입니다. 틀리지 말자 노트는 오답 노트와 달리 내가 틀리는 모든 내용을 적으면 오히려 효과가 떨어집니다. 자주 틀리는 내용을 신중히 선별해 작성하도록 합니다. 세 번째, 구체적 작성입니다. 예를 들어 '두 자릿수 덧셈 계산 조심'보다는 '두 자릿수 덧셈을 할 때 일의 자리 숫자들의 합이 10이 넘으면 십의 자리 숫자에 1을 더해야 함'과 같이 구체적으로 작성합니다. 내용을 간단히 작성하면 나중에 내용을 이해하는 데 어려움이 있으며, 실제 시험에서 적용이 잘되지 않기 때문에 구체적으로 작성하는 것이 중요합니다. 네 번째, '공부 내용에 국한하지 않기'입니다. 틀리지 말자 노트는 내가 자주 실수하는 내용을 적는 것입니다. 이때 내가 실수하는 것은 공부 내용에 국한될 필요는 없습니다. '틀렸을 때는 반드시 두 줄로 긋기', '문제 풀기 전 당황하지 말고 문제지 한 번 훑기', '문제 번호와 답지 번호 착각하지 말기' 등과 같이 습관적인 부분에서도 자주 틀리는 부분을 적을 수 있습니다.

> 할 수 있다는 믿음을 가지면
> 그런 능력이 없을지라도
> 결국에는 할 수 있는 능력을 갖게 된다.
> _ 마하트마 간디

45

모의고사 점수가 너무 안 나옵니다

　모의고사는 대부분 9월부터 강의가 시작합니다. 시험이 코앞인 시점에서 보는 모의고사다 보니 점수에 상당히 예민해질 수밖에 없습니다. 점수에 예민해지는 이유를 생각해보면 은연중에 '모의고사 점수 = 시험 점수'라는 인식이 밑바탕에 깔려 있습니다. 하지만 모의고사 점수가 실제 시험 점수와 반드시 정비례하는 것은 아닙니다. 특정 강사의 강의를 꾸준히 듣는다면 그 강사의 모의고사 점수가 높게 나오는 경향이 있습니다. 같은 강사의 모의고사라도 몇 회인지에 따라 난이도의 격차가 크고 시험을 볼 때의 컨디션에 따라서도 점수 편차는 큽니다. 모의고사 점수가 높다고 해서 임용고시를 잘 보는 것은 아니며, 모의고사 점수가 낮다고 해서 시험에 합격할 수 없는 것은 절대로 아닙니다. 모의고사를 공부하는 것은 충분히 의미 있는 활동이지만 점수에 너무 예민하게 반응하지 않으면 좋겠습니다.

　그래도 내가 현재 어느 정도 위치인지가 궁금하다면 모의고사의 '평균 점수'를 활용할 수 있습니다. 강사들은 오프라인으로 강의를 듣는 수강생들의 모의고사 평균 점수와 분포 등을 알려주는 경우가 있습니다. 절대적인 점수를 생각하기보다는 평균 점수로부터 얼마나 멀어져 있는지를 살펴보는 것이 필요합니다.

> 춤추는 별을 잉태하려면
> 반드시 스스로의 내면에 혼돈을 지녀야 한다.
> _ 프리드리히 니체

46

자꾸 잊어버리는데 어떻게 해야 하나요?

　모든 시험이 그러겠지만, 임용고시는 암기해야 하는 양이 상당히 많은 시험입니다. 그러다 보니 내용을 잊어버리지 않고 오랫동안 기억할 수 있도록 유지하는 것이 중요합니다. 이때 쉽게 활용할 수 있는 방법이 바로 복습입니다. 시간이 지날수록 기억할 수 있는 양이 감소하기 때문에 이것을 의식적으로 반복해 학습하는 것이죠. 복습 자체의 효과는 의심할 여지가 없지만, 복습하는 방식에 대해서는 고민할 필요가 있습니다. 우리가 복습이라고 하면 보통 에빙하우스의 망각 곡선을 들어 '하루 뒤', '이틀 뒤', '일주일 뒤', '한 달 뒤'와 같이 기간을 정해두고 복습해야 한다고 이야기합니다. 하지만 이러한 복습 방식은 그다지 효과적이지 않습니다. 한 과목을 공부할 때는 가능할지도 모르겠지만 여러 과목을 공부하다 보면 복습 주기를 정리하는 것만으로 하루를 다 보낼지도 모릅니다. 또한, 복습해야 하는 양이 많아지면 현실적으로 계획한 대로 전부 복습하기가 쉽지 않습니다.

　공부 초반에는 까먹는 것에 크게 개의치 않고 공부하기 바랍니다. 모르는 게 생겼을 때는 그때그때 전공 책이나 단권화 노트를 참고하여 다시 정리하고 복습하면 됩니다. 전체 교과목을 여러 번 회독하다 보면 대부분은 자연스레 암기됩니다. 만약, 시험이 가까워졌을 때도 암기가 되지 않은 부분이 있다면 이때부터 관련 내용을 따로 복습해도 충분합니다. 까먹는 것에 대해 너무 스트레스받지 않으면 좋겠습니다. 우리가 까먹는 것은 너무나 당연합니다. 꾸준히 복습하고, 반복하다 보면 생각보다 어렵지 않게 극복할 수 있습니다.

> **TIP** 복습을 무작정 하기보다는 백지 쓰기, 마인드맵, 매일 과목별 한 문제 풀기 등 다양한 방법을 활용하면 좋습니다.

세상은 변하지 않는다. 우리가 변한다.
_ 헨리 데이비드 소로우

47

공부를 오래 쉬었습니다

오랜 기간 공부를 쉬었다가 다시 시작하는 선생님들이 있습니다. 기간제나, 학원 일을 하면서 혹은 육아에 힘쓰면서 잠시 미뤄두었던 공부를 다시 준비하기도 합니다. 이런 선생님들의 이야기를 들어보면 저마다 사연 하나씩은 가지고 계시더라고요. 시험을 준비하는 간절함과 다시 도전한다는 용기가 정말 대단하다고 생각합니다. 이런 선생님들의 경우 긴 공백으로 공부 베이스가 제대로 갖추어져 있지 않아 공부에 어려움을 겪는 경우가 많습니다. 어떻게 이것을 극복하며, 공부해 나가야 하는지 살펴봅시다.

어떻게 공부해야 할까?

○ **정보 수집**

임용고시는 조금씩 시험 형태가 변경되었습니다. 공부 공백이 길다 보면 변화된 내용을 파악하지 못하고 있을 겁니다. 공부를 본격적으로 시작하기 전 변화된 시험에 대한 정보를 수집하기 바랍니다. 「18. 공부의 시작은 정보 수집」을 참고하길 바랍니다.

○ **시험 경향 파악하기**

어떤 문제가 주로 출제되고 있는지 시험 출제 경향을 파악합니다. 경향 파악을 위해 가장 좋은 방법은 기출문제를 참고하는 것입니다. 최근 5개년 기출문제를 보며 풀지 않고, 읽어만 보기 바랍니다. '요즘엔 이런 문제가 많이 나오는구나.', '문제 형태가 이런 식이구나.' 등을 느낄 수 있습니다.

○ **인터넷 강의**

지금 시점에서는 대학교 수업을 들을 수도 없고, 스터디를 당장 구하기도 쉽지 않습니다. 이때는 인터넷 강의를 추천합니다. 인터넷 강의는 최소한으로 들어야 한다고 생각하지만, 지금 시점에서는 어쩔 수 없는 선택입니다. 강의는 보통 1~2월과 3~6월을 구별해 올라오거나 1~6월 단위로 올라옵니다. 상반기는 전공에 대해 전반적으로 다루는 인강이 많으며, 7, 8월은 문제 풀이, 9~11월은 모의고사 강의가 올라옵니다.

단, 반드시 시기에 맞게 강의를 들을 필요는 없습니다. 오히려 일정을 쫓아가다 보면 무의미하게 강의를 듣게 됩니다. 강의 내용을 이해하고 복습하는 시간이 오래 걸리기 때문에 하나의 강의를 긴 호흡으로 들으며 복습하기 바랍니다. 과목별로 많이 듣는 강사들이 있지만, 강의 선택에 정답이 있지는 않습니다. 강사들이 올려주는 무료 강의를 통해 나에게 맞는 강사를 선택하기 바랍니다. 합격 수기를 참고해 선택할 수도 있습니다.

○ **스터디 구하기**

스터디를 한다면 전공 공부뿐만 아니라 앞서 이야기한 정보 수집, 임용 경향성 파악 등 많은 것을 얻을 수 있습니다. 물론 전공 베이스가 갖춰져 있지 않은 상태이기 때문에 스터디에 참여하기가 쉽지 않습니다. 하지만 정말 열심히 준비하고 참여한다면 서로에게 분명히 도움이 되는 스터디가 됩니다. 공부할 때는 다양한 특성에 사람들이 함께 모여 있을 때 좋은 시너지를 발휘합니다. 용기를 내어 스터디에 참여해 보기 바랍니다. 처음에는 벅차고, 힘들지 모르겠지만 분명 큰 도움이 될 것입니다.

> 무슨 일이든 할 수 있다고 생각하는 사람이
> 결국, 해내는 법이다.
> _ 정주영

48

일을 병행해야 하는데 어떻게 해야 할까요?

　매일 공부에만 집중하면 좋겠지만, 일을 병행하며 시험을 준비해야 하는 분들이 있습니다. 반드시 1년을 통째로 일해야 하는 상황이 아니라면 가급적 상반기에 일을 집중하고, 2학기에는 공부에 집중하면 좋습니다. 시간을 유동적으로 조정할 수 있는 일을 하는 것을 추천합니다.

　일하고 있는 동안은 공부에 집중하기 어려우므로 매일 일정한 공부 시간을 확보하는 것이 중요합니다. 시간 확보가 쉽지는 않겠지만, 평일에는 3시간 이상을 목표하기 바랍니다. 구체적인 공부 시간을 정해두지 않는다면, 긴장감이 무뎌지고 공부 리듬이 깨지기 쉽습니다. 공부 시간을 인증하거나, 스터디를 통해 강제로 공부할 수 있는 수단을 만들 수도 있습니다. 주말을 최대한 활용해 공부하기 바랍니다.

49

하루에 몇 과목을 공부하는 게 좋을까요?

'하루에 몇 과목을 공부하면 좋을까요?' 공부해야 하는 과목이 많다 보니 각 과목을 어떻게 분배하고 공부할지는 고민이 되는 부분입니다. 어떤 분들은 하루에 한 과목만 하기도 하고, 어떤 분들은 하루에 여러 과목을 동시에 하기도 합니다. 개인의 스타일이나 성향에 따라 다르겠지만 하루에 공부해야 하는 과목 숫자를 많이 늘리지 않는 것을 추천합니다. 저는 하루에 메인 전공 한 과목, 서브 한 과목, 교육학 혹은 교과교육론 중 한 과목으로 총 3과목을 공부했습니다. 하루에 공부해야 하는 과목이 적어야지 각 과목을 깊이 있게 공부할 수 있다고 생각합니다.

여러 과목 공부를 공부하는 분들의 많은 이유는 '까먹는 것에 대한 불안함'에서 기인한 경우가 많습니다. 이전에 공부한 내용을 잊어버리지는 않을까 하는 불안함에 여러 과목을 동시에 공부하며 반복하는 것이죠. 하지만 「46. 자꾸 잊어버리는데 어떻게 해야 하나요?」라는 글에서도 썼듯이 암기는 반복을 통해 어느 정도 자연스럽게 해결이 될 수 있는 부분입니다. 암기에 대한 불안감보다는 어떻게 하면 효율적인 공부가 될 수 있을지를 고민해 보기 바랍니다.

> 너무 소심하고 까다롭게 자신의 행동을 고민하지 말라.
> 모든 인생은 실험이다. 더 많이 실험할수록 더 나아진다.
> _ 랄프 왈도 에머슨

50

문제를 많이 풀면 될까요?

　상당수의 합격자는 '문제를 많이 푸는 것'의 중요성을 이야기합니다. 문제를 많이 푸는 것은 실전 감각을 키우는 데 큰 도움이 되며, 성적을 올리는 데도 주요한 도구가 됩니다. 하지만 무작정 문제를 많이 푼다고 해서 반드시 도움이 되는 것은 아닙니다.

　문제를 풀면서 우리는 왜 내가 이 문제를 틀렸는지, 답안에서 부족한 부분은 없었는지, 관련 개념은 무엇인지 등을 끊임없이 고민해야 합니다. 하지만 그저 '양'만 늘리는 것에 치중하는 경향이 있습니다. 고민 없이 반복되는 문제에서 우리가 얻을 수 있는 것은 많지 않습니다. 고민하며 문제를 푸는 것이 처음에는 다소 느려 보일 수 있습니다. 하지만, 시험에 합격하기 위해서는 많은 양의 문제가 필요한 것이 아니라 개념을 깊이 이해하는 것이 필요합니다. 이를 위해 문제를 풀며 여기에 담긴 의도와 흐름을 이해하고 점검의 도구로써 활용해야 합니다.

51

새로운 형태의 문제가 너무 어려워요

문제를 풀다 보면 내가 지금까지 한 번도 본 적 없는 새로운 형태의 문제를 마주하게 됩니다. 지금까지 다뤄진 적이 없는 문제이기 때문에 당황하기 쉽지만, 침착한 태도로 접근하는 것이 중요합니다. 합격 여부는 대부분 이런 문제를 어느 수준까지 접근했는지가 가르는 경우가 많습니다. 다행인 것은, 완전히 새로운 문제는 많지 않다는 것입니다. 대부분 이미 출제되었던 내용 안에서 다시 출제되는 경우가 90% 이상입니다. 한 시험에서 이 영역을 벗어나는 문제는 그리 많지 않습니다. 하지만 새로운 문제 유형은 매년 출제됩니다. 이런 문제에 접근하기 위해서는 '개념의 의미를 떠올리는 공부'가 중요합니다. 단순히 개념을 글자 그대로 암기하는 것이 아니라 각 개념에 담겨 있는 의미를 깊게 이해하는 과정이 필요합니다. 공부할 때, 한 문제에 대해서 깊이 고민하는 것이 도움이 될 수 있습니다. 모르는 문제가 나왔다고 빨리 포기하기보다는 긴 시간을 투자해 개념을 이해하고자 노력하는 과정이 필요합니다.

52

2차 준비를 병행해야 할까요?

　임용고시를 준비하면서 선생님들이 고민하는 지점 중 하나가 '1차 시험을 준비하면서 2차 시험 준비도 병행해야 할까요?'라는 질문입니다. 최근 들어 2차 시험의 중요성이 커지고, 비중이 커지는 추세다 보니 불안한 마음에 이러한 고민을 하는 분들이 꽤 있습니다. 특히, 2차 시험에서 아쉬운 결과를 경험한 분들은 더 그렇습니다. 이래서인지 실제로 지도서 공부, 수업 실연 등을 병행하며 1차 준비를 하시는 분들도 심심치 않게 찾을 수 있습니다. 하지만 추천하는 방향은 아닙니다. 2차 시험은 결국 1차 시험의 합격이 있어야 가능합니다. 자칫, 2차 시험 준비로 인해 힘이 분산되는 결과가 생겨버릴 수 있습니다. 1차 점수를 높이는 것이 오히려 유리한 위치에서 2차 시험 준비를 하는 것입니다. 물론 2차 준비가 쉽지 않지만, 반드시 미리 준비해야 하는 정도는 절대로 아닙니다. 1차 합격자 발표 후에도 충분히 준비할 수 있습니다. 우리의 최우선 목표는 1차 시험 합격이라는 것을 잊지 마시기 바랍니다. 너무 불안해할 필요 없습니다. 지금 공부에 집중한다면 좋은 결과가 있을 겁니다.

53

한 문제를 얼마나 고민해야 할까요?

문제를 풀다 보면 모르는 문제가 나오기 마련입니다. 이때, 어느 정도 시간을 고민하면 좋을까요? 너무 오래 고민하면 괜히 시간 낭비인 것 같고, 바로 답을 보기에는 공부가 되지 않는 느낌입니다. 이러다 보니 많은 선생님이 '한 문제에 10분을 넘기지 않겠다', '30분을 넘기지 않겠다'와 같이 시간을 정해두고 공부하는 전략을 많이 세웁니다. 하지만 이러한 시간 세우기 전략은 그다지 효율적이지 않습니다. 모든 문제를 동일한 기준으로 다룰 수 없기 때문입니다.

문제마다 고민의 방식이 달라져야 합니다. 문제를 읽자마자 풀이가 떠오른다면 오래 볼 필요가 없습니다. 답과 비교하며 부족한 점이 없는지만 체크하면 됩니다. 하지만 어느 정도 관련 개념을 이해하고 있고, 실마리가 잡힐 것 같은 문제는 풀릴 가능성이 큽니다. 답을 바로 보지 않고 가능한 오랜 시간 고민하면 좋습니다. 이때, 전공 서적을 들춰보거나 관련 기출문제를 찾아보는 것도 좋습니다. 시간이 오래 걸려 불안할 수도 있지만, 고민하는 시간이 공부의 깊이를 더 해줍니다. 마지막으로 접근조차 어려운 문제가 있습니다. 이런 문제는 망설이지 않고 답을 보는 것이 낫습니다. 단, 답지를 보며 내가 왜 문제에 접근하지 못했고 내가 부족한 부분이 무엇인지를 체크하기 바랍니다.

문제를 푸는 데 걸리는 시간을 정해놓기보다는, 문제의 성격에 따라 유연하게 조절하는 것이 현명한 공부 전략입니다. 생각이 떠오르지 않는다고 해서 조급할 필요 없습니다. 고민하는 시간 자체가 결국 가장 중요한 공부가 된다는 것을 잊지 않았으면 좋겠습니다.

> 지식이 없는 성실은 허약하고 쓸모없다.
> 성실이 없는 지식은 위험하고 두려운 것이다.
> _ 사무엘 존슨

54

공부가 안될 때는 무엇을 하면 좋을까요?

항상 '열심히 공부해야겠다.' 마음먹지만, 공부가 잘 안되는 순간이 있습니다. 마냥 쉬기에는 찝찝하고, 그렇다고 공부는 하기 싫은 선생님들을 위해 도움이 될 만한 것들을 몇 가지 추천하려고 합니다.

합격 수기 읽기

합격 수기는 임용 공부를 위한 다양한 정보를 가지고 있습니다. 공부가 안될 때 합격 수기를 읽으면 동기 부여도 되고, 비슷한 고민을 겪었던 선생님들의 이야기를 들으며 마음이 한결 편해지기도 합니다.

교육 다큐멘터리 보기

교육을 주제로 한 다큐멘터리 몇 편을 소개합니다. 공부가 안되거나 동기 부여가 필요할 때 보면 좋습니다. 2차 시험에 도움이 될 뿐 아니라 앞으로 어떤 교사가 될지, 어떤 철학을 가질지 생각해 볼 수 있는 좋은 기회가 됩니다.

○ SBS 스페셜 - <학교의 눈물> 3부작

2013년도에 SBS 스페셜에서 방영되었으며 학교 폭력을 다루고 있는 다큐멘터리입니다. 일명 '호통 판사'로 불리는 소년재판 판사 천종호 판사님이 학교 폭력 가해 학생들에게 호통치는 장면으로 더욱 유명한 프로그램이기도 합니다.

○ EBS 다큐프라임 - <번 아웃 키즈> 4부작

이제는 흔히 쓰이는 용어가 돼버린 '번 아웃'이라는 말은 직장인들뿐만 아니라 초등학교부터 대학교까지 우리나라 곳곳에 번져있습니다. 프로그램에서는 '나'를 잃어버린 우리들의 이야기를 전달하고 있습니다. 4부작으로 구성되어 있으며 '3부. 우리, 여기 있어요.'를 추천합니다.

○ EBS 다큐프라임 - <미래학교> 3부작

<미래학교>에서는 미래의 학교의 모습을 이야기하고 있습니다. 실제로 미래학교의 모습을 상상하며 몇 주간에 프로그램을 통해 여러 가지 질문들을 시청자에게 던지고 있습니다. 미래의 학교의 역할이나 교사의 역할, 수업, 평가 등 생각해볼 거리가 많습니다.

○ EBS 다큐프라임 - <학교란 무엇인가> 10부작

2010년도에 방영된 프로그램으로 10부작으로 구성되어 있습니다. 대한민국의 교육 현실과 학교는 어떤 모습이어야 할까에 대한 고민을 보여주고 있습니다. 굉장히 유명한 프로그램으로 여러 곳에서 인용되기도 했습니다. 제가 개인적으로 정말 재미있게 본 다큐멘터리입니다. '1, 2회 - 학교란 무엇인가?', '5회 - 우리 선생님이 달라졌어요.', '10회 - 노는 아이들의 기적, 서머힐 학교'를 추천합니다.

○ EBS 다큐프라임 - <최고의 교수> 5부작

책으로도 출간된 <최고의 교수> 5부작입니다. 세계적으로 유명한 교수님들의 수업 노하우와 그들이 어떻게 수업에 접근하고 학생들을 대하는지를 들여다볼 수 있습니다. 4부 '그는 교수계의 마이클 조던이다. - 조벽 교수' 편을 추천합니다.

○ EBS 다큐프라임 - <학교, 다시> 10부작

앞에서 소개한 <학교란 무엇인가>의 2020년 버전이라고 보면 되겠습니다. 총 10부작으로 교육과 관련된 다양한 이야기를 다루고 있습니다. 최근 학교 교육에서의 어려움을 정확히 지적하고 있으며 우리의 교육이 어떤 방향으로 가야 할지에 대해서 고민하는 프로그램입니다.

○ EBS 다큐프라임 - <코로나19 교육보고서 - 사라진 학교> 10부작

코로나19 팬데믹으로 인한 교육 현장의 변화를 3부작으로 담았습니다.

학생들의 학습 공백, 교사들의 고민, 지역 간 교육 격차 등의 문제를 조명하며, 미래 교육의 방향성을 제시합니다.

운동하기

공부가 잘 안되는 날은 억지로 책상 앞에 나를 억지로 붙잡아 두기보다는 몸을 잠시 움직여 주는 것이 좋습니다. 단순히 몸을 움직이는 것만으로도 스트레스가 줄고, 잡생각이 사라집니다. 꼭 시간을 내어 운동하지 않아도 괜찮습니다. 10~20분 정도의 짧은 산책이나 가벼운 스트레칭만으로도 충분한 효과가 있습니다.

> 휴식은 게으름도 멈춤도 아니다. 휴식을 모르는 사람은 브레이크 없는 자동차 같아서 위험하기 짝이 없다.
> _ 헨리 포드

에피소드 Ⅵ

"시험장 나오는 길"

　이제는 시간이 지나 시험장 안에서 느꼈던 감정은 많이 흐릿해졌지만, 이상하게도 시험장을 걸어 나오던 그 느낌만은 여전히 생생하다.

　2015년 12월 나는 첫 시험을 마친 뒤 시험장 밖을 털레털레 걸어 나왔다. 가볍지도, 무겁지도 않은 발걸음이었다. 누군가는 울음을 터뜨렸고, 누군가는 지친 표정을 짓고 있었다. 나는 아마 그사이 어딘가쯤에 있었을 것이다. 시험장 계단을 내려오면서 가장 먼저 밀려온 감정은, 허무함이었다. 4년이라는 시간이 이렇게 몇 시간 만에 휙 하고 지나가 버리다니, 허무함이 하염없이 차올랐다.

　그리고 딸려 온 것은 온갖 부정적인 생각들뿐이었다. '이 시험은 내 시험이 아닌 것 같다', '과연 1년을 더 할 수 있을까?' 하는 회의감이 조용히, 그러나 깊숙이 파고들었다. 시험에 대해서는 아쉬움이 들지도 않았다. 스스로 알 수 있을 만큼 망쳤으니까….

학교 문을 나와 나를 기다리고 있는 부모님과 누나의 얼굴을 보는 마음은 편치 않았다. 애써 괜찮은 척, 담담한 척 표정을 지어 보였을 뿐이었다.

그리고 1년이라는 시간이 더 흘렀다. 두 번째 시험장을 빠져나오던 날, 내 마음을 채운 감정은 신기하게도 홀가분함이었다. 1년이라는 마라톤이 끝났다는 해방감에 나는 전율했다. 약간의 짜릿함을 포함해서 말이다. 지금 당장 결과는 알 수 없지만, 적어도 내가 준비한 것을 모두 토해냈다는 만족감은 있었다. '어쨌든 끝났다.'라는 느낌이랄까?

이번에는 문밖에서 만난 부모님과 누나에게 좀 더 밝은 얼굴을 지어 보일 수 있었다. 그리고 그날 이후, 나는 더 이상 시험장을 들어갈 일도, 나올 일도 없게 되었다. 돌아보면, 내가 마지막 시험을 준비했던 1년이라는 시간은 '허무함'이라는 감정을 '홀가분함'이라는 감정으로 바꾸기 위한 시간은 아니었을까 생각해 본다.

나와 같은 길을 걷고 있는 선생님들의 마지막은 부디 허무함이 아닌 홀가분함이기를 바라며….

부록

자료 목록

부록

자료 모음

시험에 도움이 될 만한 자료와 사이트를 아래에 첨부했습니다. QR코드를 찍으면 해당 자료로 바로 이동할 수 있습니다. 자유롭게 다운받아 사용하시고, 공부에 도움이 되었으면 좋겠습니다.

연번	자료명	QR코드
1	서술형 답안지 양식 (A4) http://cuts.kr/IkibG	
2	실제 답안지 양식(견본) http://cuts.kr/KGaqb	
3	수업 실연 지도안 & 문제지 양식 http://cuts.kr/JFyNO	
4	수업 실연 피드백 양식 http://cuts.kr/uDSqr	

연번	자료명	QR코드
5	심층 면접 피드백 양식 http://cuts.kr/kyUpr	
6	각종 공부 양식 http://cuts.kr/moAMy	
7	국가교육과정 정보센터 https://ncic.re.kr/index.cs	
8	교육과정 범위 관련 http://cuts.kr/rrQnX	

연번	자료명	QR코드
9	온라인 교직원 채용 사이트 (원서 접수 및 공고 등) https://edurecruit.go.kr/nxui/index.html	
10	한국교과서협회 쇼핑몰 (교과서 및 지도서 구입) https://www.ktbookmall.com/index.do	
11	'교단으로 가는 길' 블로그 링크 https://blog.naver.com/jtj4454	
12	인스타 링크 http://cuts.kr/BFAUo	

| 에필로그 |

교단에 서는 그날까지

베드로시안의 시 「그런 길은 없다」에는 이런 구절이 나옵니다.

**아무도 걸어가 본 적이 없는 그런 길은 없다
나의 어두운 시기가 비슷한 여행을 하는
모든 사랑하는 사람들에게
도움을 줄 수 있기를**

제가 이 책을 쓰기 시작한 이유, 그리고 끝까지 마무리할 수 있었던 힘은 이 시의 마음과 닮아있습니다. 임용고시를 준비하는 여정은 길고 험합니다. 그 속에서 누군가의 경험과 진심 어린 말 한마디는 크나큰 위로가 되기도 합니다. 책 속에 담겨 있는 저의 이야기가 비슷한 길을 걷고 있는 선생님들에게 작은 위로가 되었기를 진심으로 바랍니다.

물론 이 책에서 전하는 많은 이야기에 정답은 없습니다. 하지만, 적어도

이 길을 먼저 걸어본 한 사람의 이야기가 선생님들의 나아가는 방향을 잡는 데 도움이 된다면 더 바랄 것이 없습니다. 그저 선생님들의 여정에 작은 이정표가 되었기를 소망합니다.

책이 나올 수 있게 도와주신 분들에게 감사 인사로 마무리해야 할 것 같습니다. 다시 한번 책이 세상에 나올 수 있도록 도움을 준 미다스북스 출판사, 책을 위해 많은 의견을 주신 저의 온·오프라인 친구들, 어려운 환경 속에서도 언제나 자식을 위해 헌신하셨던 엄마, 아빠에게 감사함을 전합니다. 특히 먼저 교단에 서서 동생을 이끌어주고, 책을 위해 몇 날 며칠을 함께 고민해 준 누나에게는 깊은 미안함과 고마움을 전하고 싶습니다.

끝까지 책을 읽어주셔서 진심으로 감사합니다.
선생님들이 교단에 서는 그날까지,
저는 변함없이 응원하겠습니다.

2025년 6월
교사 정태진 드림